GABRIEL LAFFAILLE

LE

SALON DE 1875

PUBLIÉ PAR LA

REVUE ILLUSTRÉE

DES LETTRES SCIENCES ARTS ET INDUSTRIES

DANS LES DEUX MONDES

PARIS

AU BUREAU PRINCIPAL

25, RUE MONSIEUR LE PRINCE, 25

1875

SALON DE 1875

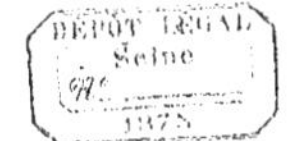

PARIS. — IMPRIMERIE DE E. MARTINET, RUE MIGNON, 2.

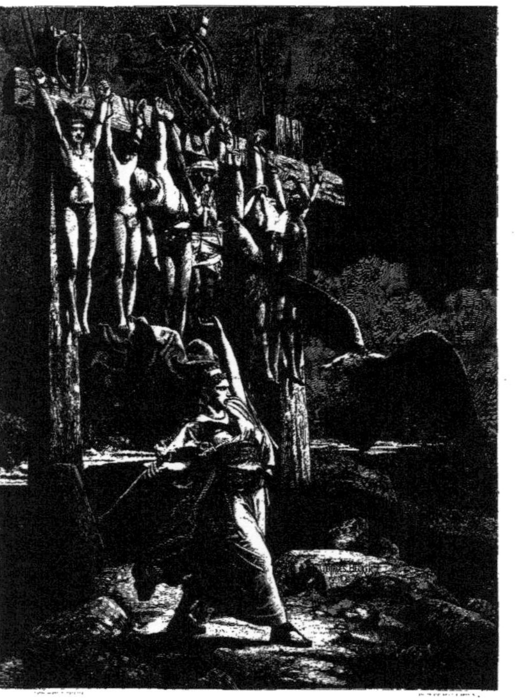

RESPHA, VEUVE DE SAÜL

Défend contre les oiseaux de proie les sept cadavres de ses fils, crucifiés par les Gabaonites.

Tableau de Georges Becker

GABRIEL LAFFAILLE

LE

SALON DE 1875

PUBLIÉ PAR LA

REVUE ILLUSTRÉE

DES LETTRES, SCIENCES, ARTS ET INDUSTRIES

DANS LES DEUX MONDES

PARIS

[AU BUREAU PRINCIPAL

25, RUE MONSIEUR-LE-PRINCE, 25

1875

[illegible]

LA PEINTURE

Ut poesis pictura.

Depuis déjà plus de vingt ans, aussi bien en art qu'en littérature, l'esprit d'école tend à disparaître. Ce que nos écrivains et nos artistes recherchent avant tout, c'est l'individualité. Aussi, lorsque le critique se trouve en présence d'une exposition où sont représentés les genres les plus divers, il doit chercher sa base d'examen en dehors des classifications transcendantes auxquelles avaient donné lieu des querelles aujourd'hui apaisées.

Celle que nous adopterons dans le cours de ce travail reposera principalement sur la nature de l'inspiration qui a présidé à telle œuvre ou à tel groupe d'œuvres. Notre méthode, qui nous paraît d'ailleurs répondre aux tendances éclectiques de l'art contemporain, permettra au lecteur de mieux apprécier le tempérament des divers artistes en les voyant aux prises avec le même idéal.

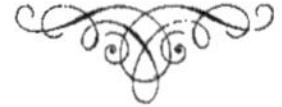

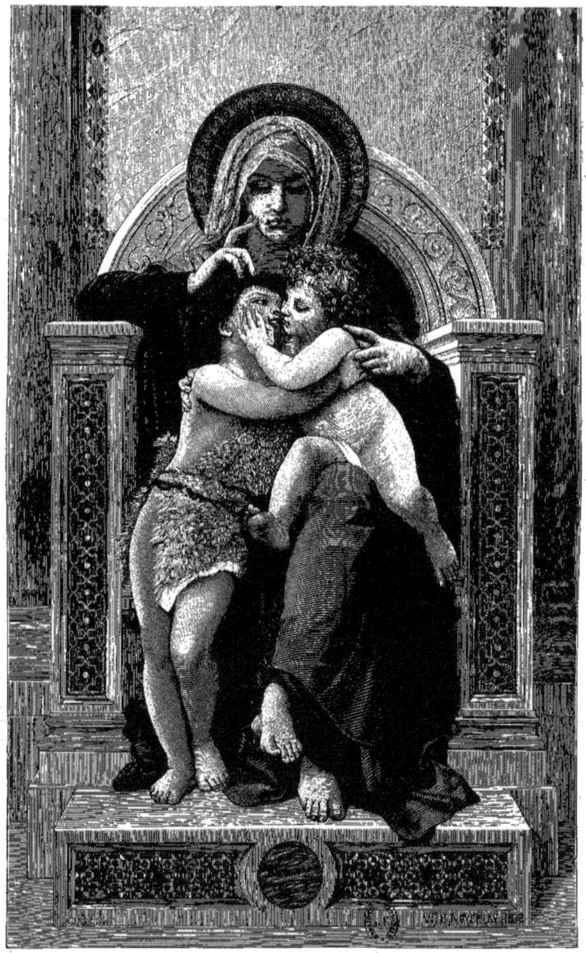

LA VIERGE, L'ENFANT JÉSUS ET SAINT JEAN-BAPTISTE. — Tableau de M. W.-A. Bouguereau.

(Reproduit avec l'autorisation de MM. Goupil et Ce, seuls propriétaires du droit de reproduction.)

LA GRANDE PEINTURE

§ 1. — CYCLE BIBLIQUE

MM. Georges Becker, — Alexandre Cabanel, — Lehoux, Gervex, — Ulmann, — Tortez.

M. Becker, auteur de la grande toile qui attire et fascine tous les regards dans le salon d'entrée, est, nous assure-t-on, un jeune homme de vingt-neuf ans à peine. Nous le croyons volontiers, car il faut avoir la foi de la jeunesse pour risquer sa réputation dans une tentative aussi audacieuse. Hâtons-nous d'ajouter que M. Becker a pleinement réussi.

On éprouve tout d'abord devant ce tableau une impression profonde. Il s'en dégage une sorte d'épouvantement. Quelle est cette femme tragique dont les lignes amples et lourdes se profilent à cru sur la masse des choses sombres qui l'entourent ? Quel geste ébauche-t-elle dans ces ténèbres ?

Sa tête a la pâleur du croissant d'Hécate. Est-ce Circé, la magicienne, proférant une incantation ? Non c'est une mère : la mère de ces hommes attachés au gibet, chers cadavres qu'elle défend contre l'approche des oiseaux de proie. Sa rage est bestiale. C'est la femelle, c'est la lionne qui hurle et grince des dents.

Ce drame ténébreux est une page détachée de l'histoire du peuple Juif. Le type le plus parfait de la beauté hébraïque est empreint sur le visage des pendus et resplendit sur celui de la femme. Enfin sous ces riches vêtements, dans ce port de reine et cette majesté qu'elle conserve au milieu de son désespoir, quiconque a feuilleté la Bible reconnaîtra Respha, l'épouse de Saül, la première femme dans Israël. « Respha demeura là depuis le commencement de la moisson jusqu'à ce que l'eau du ciel tombât sur eux... » On sent, en effet, qu'elle y restera jusqu'à ce que le travail du temps, ouvrier sinistre, ne lui aura laissé plus rien à disputer aux aigles et aux chacals. Sa main droite manie le bâton avec la gaucherie particulière aux femmes, mais le bras de la mère n'est pas encore prêt à défaillir.

Rien de plus solide et de mieux conçu que ce gibet où pendent, dans des attitudes diversement expressives, sept corps de jeunes hommes d'une grande beauté. Les trophées qui le surmontent couronnent très-heureusement cette lugubre architecture et sont d'ailleurs traités avec une grande sobriété de goût. Pourquoi le peintre n'a-t-il pas aussi bien soigné les vêtements de son personnage principal ? Les draperies flottent pesamment. Il est vrai que M. Becker, pressé par l'ouverture de l'Exposition, n'a pas eu le temps de mettre la dernière main à l'œuvre. Toutefois il aurait dû consacrer une couple d'heures à son ciel qui est vraiment par trop négligé. Ce fond ténébreux et confus qu'il a barbouillé avec des raclures de palette ressemble à un éboulement de terrain, à une section de rocher, enfin à tout ce qu'on voudra, excepté à un ciel. Après les premiers plans, où devraient s'amonceler de lourds nuages, on souhaiterait voir au lointain les rougeurs sanglantes d'un crépuscule d'automne. La poésie sauvage qui souffle sur toute la composition s'augmenterait de cette complicité de la nature et l'on n'éprouverait pas l'oppression qui vous étouffe au milieu de ce manque d'air. Il est également regrettable

qu'un des acteurs les plus importants de cette scène soit absolument indigne du rôle qui lui revient dans cette action épique. Nous voulons parler de l'aigle, qui n'a ni le mouvement ni le caractère d'un oiseau de proie. L'aigle, obligé à vivre de rapines, est un rude batailleur dans les champs de l'air. Mais ici, l'antagoniste de Respha n'est en somme qu'un lutteur novice, ne sachant pas se servir de ses armes. Le moindre émerillon lui en revendrait en fait de tactique et lui apprendrait à mieux tenir ses ailes. Notons encore quelque chose de défectueux dans le bras gauche de Respha, lequel s'emmanche mal avec l'épaule. N'importe ! la main qui a brossé cette grande toile est une main vaillante et hardie. On peut tout attendre de ce qu'elle fera dans l'avenir et croire qu'un grand peintre nous est né.

En revanche, M. Cabanel, nous offre le triste spectacle d'un talent poitrinaire arrivé à son dernier période. Comme nous sommes déjà loin de la *Nymphe enlevée par un Faune*, du *Poète Florentin* et surtout de la *Mort de Moïse !* Celui qui avait réussi à se créer une place assez personnelle entre Mignard et Boucher, et qui s'était fait un privilège de la *grâce*, a décidément trop sacrifié aux faux dieux. Le voilà devenu peintre attitré d'alcôves et de boudoirs, comme Lemoine était peintre ordinaire des plafonds de Versailles. *Salve, lucru !* disaient les anciens de la décadence. M. Cabanel a inscrit cette devise au frontispice du temple en carton-pâte où il exerce en pontife le sacerdoce d'un art abâtardi. C'est en vain qu'il tente un dernier effort, avec sa *Thamar*, pour témoigner d'un reste de pinceau qui s'éharbe et de palette qui s'éteint. Il est vrai que dans son indifférence ou son scepticisme, M. Cabanel aborde n'importe quel sujet pourvu qu'il y puisse tout à son aise étaler les suavités de son dessin, car nul ne professe mieux que lui l'art de beaucoup parler pour ne rien dire. Il fait de la peinture comme Janin faisait du feuilleton. Plaire est son seul but. Il n'a cure du reste. Il s'inquiète peu de solliciter notre esprit. Ses œuvres, faites avec une facilité sans égale, il veut que nous les regardions sans fatigue. Il traite avec la même insouciance la mythologie, l'histoire, l'allégorie et le portrait. Il s'assimile tous les genres avec d'autant plus de sérénité qu'il a moins de scrupule. Mais qu'il y prenne garde ! Certains sujets sont désormais interdits à la nature de son talent. La Bible, notamment, s'accommode peu de la marque de fabrique de M. Cabanel. L'artiste qui cherche une inspiration dans cette épopée où les images les plus sublimes se mêlent aux visions les plus effrayantes, ne doit être ni un épicurien, ni un voltairien, ni même un éclectique. Il lui faut ou la simplicité austère de Flandrin ou l'énergie farouche de l'auteur de Respha. Devant cette Thamar, sujet biblique traité en style de ruelle, arrangé avec goût, avec science même, notre sensualisme seul se trouve flatté ; et, en définitive, nous demeurons froids, tant il est vrai que nos sens ont besoin du concours de l'esprit pour savourer une volupté dans sa plénitude.

Certes, nous n'adresserons pas les mêmes reproches à M. Lehoux, qui pourtant est un élève de M. Cabanel. Mais qui n'est pas peu ou prou élève de M. Cabanel ?... Les antécédents de M. Lehoux sont tout à la gloire de la Religion. Cet artiste dut son succès, l'année dernière, à un épisode du Martyrologe. Est-ce à dire que le tableau qu'il nous envoie cette année de Rome, *Samson rompant ses liens*, renferme une interprétation congrue de la légende biblique ? Pas le moins du monde. M. Lehoux semble n'avoir vu dans son sujet qu'un motif d'études académiques propres à faire valoir ses qualités de dessinateur. Mais quoi! ne pouvait-il pas se dispenser d'emprunter à la Bible une étiquette pour son tableau? Qu'avait-il besoin d'appeler Samson ce fort de la halle au blé, ce lutteur de la foire ou, si l'on veut, cet athlète antique terrassant avec maladresse trois robustes compagnons presque aussi bien musclés, mais encore plus maladroits que lui? (car ils eussent été fort capables, s'ils avaient su s'entendre, de faire un mauvais parti à l'académique Nazaréen). C'est à peine, tant l'œuvre est ennuyeuse et dépourvue de caractère, si l'on éprouve l'envie de critiquer l'attitude de l'homme renversé dont le pied gauche, pour être ainsi posé à plat sur la dalle supérieure, a dû subir une désarticulation peu vraisemblable. On se détourne avec plaisir de cette exhibition brutale de torses et de biceps et l'on cherche à se rappeler la silhouette du Samson de Decamps entre les colonnes du temple qui se brisent comme une cloison de verre sous sa formidable poussée.

Pas plus que le Samson de M. Lehoux, le *Job* de M. GERVEX ne relève de la poésie ou de la philosophie des livres saints. « Ses amis, levant de loin les yeux, ne le reconnaissaient point... » dit la Bible et, après elle, le livret du Salon. L'embarras qu'éprouvaient les amis de Job, nous l'éprouvons aussi devant ce patriarche d'atelier paisiblement couché sur son lit sordide et paraissant ne point savoir pourquoi. Le peintre a voulu sans doute exprimer l'accablement du vieillard ayant enfin succombé sous le poids de la lutte; mais sa pensée est demeurée à l'état d'intention. Rien ne fait deviner dans la situation présente le drame qui précéda. Non, ces membres ne se sont pas tordus sous la morsure venimeuse des mouches tropicales; ces chairs n'ont pas été rongées par l'ulcère abominable et dégradant; cette bouche n'a pas hurlé de douleur et ces lèvres ne sont pas celles qui ont jeté à Jéhovah ce reproche amer : « Ne me laisseras-tu pas avaler ma salive! » Le Job de M. Gervex est là, sous la chaleur et sous les moustiques, très-content de son sort, étalant avec cynisme sa nudité, et prêt à recevoir, comme Diogène, une suprême leçon d'économie du premier qui passe. Le paysage, en revanche, renferme un sentiment plus vrai : on chercherait vainement une touffe d'herbe sur cette terre désolée où ont ruisselé pendant tout le jour les dévorants effluves d'un soleil de plomb. Mais, en somme, le tableau de M. Gervex ne révèle pas des qualités suffisantes de tempérament pour qu'on puisse l'engager à persévérer dans cette voie. Son autre toile, *Diane et Endymion*, dont nous aurons l'occasion de parler plus loin semble indiquer à ce jeune peintre une sphère tout à fait en dehors du domaine biblique.

Pour donner le même conseil à M. ULMANN, il faudrait avoir le courage de le motiver et par conséquent d'analyser l'inqualifiable cartonnage qui a nom *le Remords*. Nous abandonnons ce soin à plus zélés que nous.

Quant à M. TORTEZ, auteur d'une très-jolie « image » appelée *la Creation de la femme*, et où l'on voit le bon Dieu sous les traits d'un père noble d'opéra comique, nous prenons acte qu'il établit une concurrence déloyale à la maison Bouasse-Lebel.

§ II. — CYCLE ÉVANGÉLIQUE

MM. BOUGUEREAU, — HUSSENOT, — HUMBERT, — WERTZ, — THIRION, — PRIOU, — GARRIDO, — DUPUIS.

Avec M. BOUGUEREAU, nous sortons de la Bible pour entrer de plain-pied dans le Nouveau Testament. *La Vierge, l'Enfant-Jésus et saint Jean-Baptiste* est une œuvre telle que M. Bouguereau ne nous en avait pas donné depuis longtemps. La Vierge-mère, le divin bambino et son camarade, acteurs doux et paisibles de tout un petit drame de caresses qui a pour théâtre un fauteuil byzantin, forment un groupe chaste et délicieux. L'œil s'arrête amoureusement sur une foule de jolies choses et se laisse aller à la séduction que lui fait subir le pinceau prestigieux de l'artiste. C'est là néanmoins l'écueil. M. Bouguereau a le tort de faire du *joli* dans la même proportion que M. Cabanel fait du *suave*. Or, quelque justice qu'on se plaise à rendre à l'étonnante habileté des élèves de Picot, l'influence qu'ils exercent sur l'art contemporain est vraiment désastreuse. Une personne qui a vu travailler M. Bouguereau m'affirme que ce peintre ne met pas plus de deux heures à brosser, lécher et polir (j'allais dire savonner) une tête comme celle de sa Vierge-mère. Cette affirmation rencontrera des incrédules. Quoi qu'il en soit, rien n'est impossible à M. Bouguereau, à condition que le sujet traité par lui se soumettra peu ou prou à sa manière et que le public n'exigera pas un trop grand effort de son pinceau anémique. Cette année pourtant, nous le répétons, M. Bouguereau, dans son tableau religieux, se montre supérieur à lui-même. Nous lui adresserons l'éternel reproche d'avoir beaucoup maniéré son ensemble, cahoté le dessin de ses mains, amoindri par mille chatteries coquettes la pureté de sa conception. Nous lui ferons également observer que les pieds maigrelets de la Vierge ne répondent pas bien au modelé assez ferme de la figure, et que d'ailleurs le personnage étant entièrement vêtu, la nudité absolue des pieds n'a pas sa raison d'être. Il eût été préférable de souligner leurs contours par une fine sandale. L'artiste nous eût ainsi épargné, outre le frisson qu'on éprouve à voir ces membres délicats posés à nu sur la dalle de marbre, l'impression d'une mignardise inutile. Pourquoi enfin, contrairement à la tradition des maîtres, ne nous permet-il pas de distinguer lequel de ces deux enfants qui s'embrassent est d'une essence supérieure à l'autre ? Où est l'homme ? où est l'Homme-Dieu ? Leurs attributs traditionnels, seuls, nous l'indiquent. Nous aurions voulu lire une expression plus divine sur le front du petit Jésus, et, sur celui du petit saint Jean, cet effroi religieux qui le fit tressaillir dans le ventre de sa mère à l'approche de son Sauveur. Ces réserves faites, nous sommes convaincus que son tableau produira un effet charmant dans l'oratoire bourgeois qui lui est destiné.

Le vitrail dessiné par M. HUSSENOT pour la cathédrale d'Anvers nous reporte bien en deçà de la religion mondaine de nos jours. Cette page, qu'auraient célébrée dans leurs poëmes Eustache Deschamps et Guillaume Machault, est inspirée entièrement de l'état de la peinture sur verre au XIVᵉ siècle. M. Hussenot a même fait mieux que de s'inspirer, il a imité avec franchise, comprenant que l'art du vitrail, essentiellement accessoire et complémentaire d'une architecture caractérisée, ne pouvait pas comporter le moindre écart en dehors de ses traditions. Bien que l'œuvre de cet habile « imagier » ne soit encore qu'un carton, elle nous a paru assez considérable pour prendre sa place parmi les productions du grand art.

Cette compagnie n'a rien qui puisse blesser M. HUMBERT, car lui aussi va demander à la foi des vieux maîtres ses meilleures inspirations. Seulement il paraît oublier que pour lutter avec ces modèles il faut avoir quelque chose de plus que le tempérament : une science profonde. M. Humbert possède une bonne palette, aux tons harmonieux et chauds. Mais, dans ce *Christ à la colonne*, nous remarquons un dessin heurté, une esquisse anguleuse, des draperies cassantes et trouées par places, produisant je ne sais quel effet désagréable de ferblanterie peinte. M. Humbert fera bien de retourner à Florence ou à Rome, ou simplement de revenir au Louvre, car son maître, Titien, y est assez bien représenté. Il a grand besoin d'étudier ce dessin ferme et pur dont la ligne incorruptible ne se ressentit pas de l'extrême vieillesse du peintre. Nous croyons que la critique sera unanime à constater l'infériorité du Christ de M. Humbert à la Vierge du même auteur. Ayons le courage de le lui dire : autant la tête de sa Vierge avait de la distinction, autant celle de son Christ a de la vulgarité. Le divin supplicié manque de la grandeur magistrale que semblerait exiger ce paysage plein de style dont le peintre a si heureusement fait choix pour servir de fond à ses deux tableaux.

Entre le Christ de M. Humbert et celui de M. WERTZ, il y a le Calvaire. Voici *Jésus descendu de la Croix*. Une petite fille, qui n'a certainement pas eu le temps de devenir une grande pécheresse, se lamente devant le corps de son rédempteur avec une exagération de gestes tout enfantine. Serait-ce la Madeleine ? En revanche, le Christ mérite des éloges. L'auteur, évidemment inspiré par le Christ de

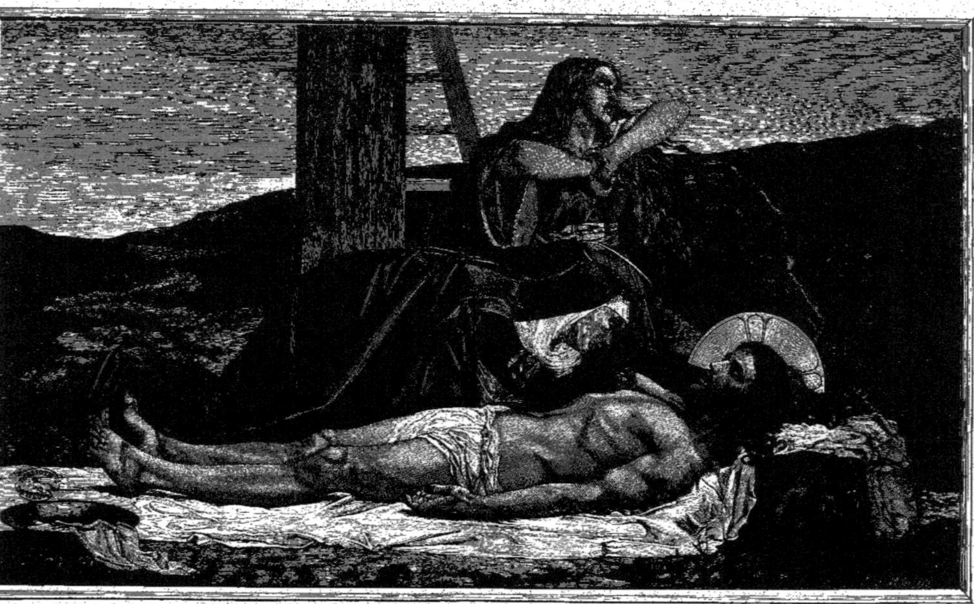

JÉSUS-CHRIST DESCENDU DE LA CROIX. — Tableau de M. J.-J. Weerts.

Philippe de Champaigne, a su rester personnel malgré son imitation.

Du bon Dieu passons à ses saints. M. Thirion nous présente le martyre de Sébastien et M. Priou celui de Jean-Baptiste. Or, M. Thirion fait vieux et M. Priou fait vulgaire, deux défauts qui tiennent trop au tempérament de ces artistes pour que la critique espère pouvoir jamais les amender. M. Thirion a sans doute quelque science, mais la pose de son *Saint Sébastien* nous paraît bien défectueuse; et puis, où avons-nous déjà vu cette draperie violette qui jette sur son tableau je ne sais quel voile de deuil et d'ennui? Tous les tons de la toile se nuancent, il est vrai, sur cette note diapason, mais la gamme en est bien maussade à parcourir. Nous n'insisterons pas sur le tableau de M. Priou, de crainte de dire à sa Salomé du troisième plan des choses fort désagréables, que d'ailleurs la sanguinaire fille d'Hérodiade mériterait bien.

M. Garrido, un jeune homme, sans doute, expose un *Saint Jérôme* qui n'est pas dénué de qualités, malgré des poussées de coloris par trop violentes. J'aime surtout le lion qui, fièrement campé derrière lui, garde son maître comme un chien et semble dévorer le désert avec ses prunelles fauves. M. Garrido mérite d'être encouragé. Pour sûr « il grandira. » Le livret nous apprend qu'il est né au cœur de l'Espagne.

Souhaitons aussi bonne chance à M. Dupuis, s'il borne ses ambitions à n'être qu'un brosseur de tableaux d'église. Nous serions plus sévère s'il avait eu la pensée qu'accuse son *Christ en Croix*, d'idéaliser celui de Bonnat. Il est des œuvres sur lesquelles il ne faut pas revenir, quel qu'en soit d'ailleurs le côté critiquable. Mais nous avons tout lieu de croire, étant donné l'âge de ce peintre, qu'il n'en est plus à chercher sa voie.

En somme, hormis deux toiles qui sortent de la banalité, l'une avec hardiesse et de prime-saut, l'autre avec l'effort pénible d'un talent qui s'épure, l'esprit des livres saints n'a que médiocrement inspiré nos artistes. La source serait-elle tarie?... Il est vrai que les maîtres qui s'y sont désaltérés autrefois avaient un large souffle et qu'ils y burent à grands traits !

§ III. — LA MYTHOLOGIE ET L'ALLÉGORIE

MM. Bouguereau, — Matout, — Riesener, — Pierre Cabanel, — Ferrier, — Maillard, — Luc-Olivier Merson, — Gervex, — Mazerolle.

La fiction est de tous les temps. Contrairement à l'histoire, dont les données sont positives et qui nous impose des types déterminés, elle permet un libre essor à l'imagination et coule, fleuve intarissable de poésie, dans le champ illimité de l'art. Éternellement il sera possible de rajeunir ses lieux communs. Du reste, qui peut dire quel type de beauté convient le mieux aux divinités de la Mythologie? Est-ce le galbe antique, l'élégance du xvie siècle, la finesse du xviiie, ou la grâce de notre époque? Comment préférez-vous Diane : comme l'ont sculptée Praxitèle, Cellini, Coysevox, ou comme la peindrait Baudry? L'aimez-vous mieux sous les traits de Laïs que sous ceux de la châtelaine d'Anet? Le peplum serré à la taille sied-il mieux à Madame de P... qu'à la duchesse de Bourgogne? Je crois qu'en cette matière, l'anachronisme a des effets charmants, et qu'il faut laisser à la fantaisie de l'artiste toute sa liberté. Si nous sommes justement offusqués de voir M. Cabanel donner à une Juive des chairs mates et blafardes, nous trouvons que M. Baudry est dans son droit quand il immortalise sous la figure de ses Muses les plus charmantes femmes de Paris.

Libre aussi à M. Bouguereau de moderniser la Fable! Mais à tant faire que de vouloir innover, faut-il d'abord rompre en visière avec les traditions académiques. On se souvient de certaine pastorale égrillarde exposée par cet artiste, au Salon de 1873, sous le nom de *Nymphes et Satyres*. Jamais le Directoire et l'Empire n'avaient eu d'inspiration plus malheureuse. Cela représentait, je crois, les cousines germaines de Mlles Carpeaux entraînant dans leur ronde un Sylvain en biscuit de Saxe. C'était fastidieux comme une idylle du comte de Marcellus. Eh bien, si M. Bouguereau se relève de cette chute, il ne le devra pas au *Flore et Zéphyre* qu'il expose aujourd'hui. Le sujet, il est vrai, comporte des attitudes moins callipyges que l'autre; mais le tableau n'est guère meilleur. Indépendamment des figures où le « maniérisme » excessif de l'artiste se fait plus que jamais sentir, on est choqué de la pauvreté de la composition. On y cherche la signature de Berquin à côté de celle du peintre. Cette scène symbolique et primitive a pour cadre un bosquet de Meudon. Eh quoi! l'imagination de nos artistes est-elle si étroite que nul d'entre eux n'ait cherché dans la nature mythologique les inspirations que trouva Breughel de Velours dans la vision de l'Éden? Que n'essayent-ils, abandonnant ces paysages poncifs où n'a jamais bramé Actéon, de nous montrer comme dans un mirage les bois énormes, fourmillants et touffus, *abris mystérieux de la grande Cybèle*, vierges encore du passage de l'homme et pénétrés de l'âme du vieux Pan?... Chose étrange pour un peintre sensualiste, le Nouveau Testament réussit infiniment mieux à M. Bouguereau que la Mythologie.

MM. Matout et Riesener, qui doivent probablement à de meilleures œuvres le privilége d'être hors concours, ont traité cette année le même sujet, *Bacchus et Ariadne*, avec un égal oubli des choses de l'art. La peinture de M. Matout n'a même pas la valeur d'une médiocre porcelaine, et l'industrie française produit des tapis de pied bien supérieurs aux toiles de M. Riesener.

Autour de ces deux tableaux on pourrait grouper une foule d'autres compositions mythologiques où le mauvais goût le dispute à l'ignorance. Il n'en faudrait pas excepter la *Nymphe surprise par un Satyre*, de M. Pierre Cabanel. « Finissez donc, Monsieur ; laissez-moi, » tel est le propos que d'instinct on prête à cette jeune fille aussi molle dans son attitude que peu honteuse de son déshabillé. Le dos du satyre moutonne comme une mer aux approches de l'orage ; la nymphe est glabre, le décor ennuyeux. Plus ennuyeuse encore est la pancarte qui déclare cette toile exempte de l'examen du jury d'admission.

M. Ferrier, lui, semble très-pénétré de la beauté païenne. Son *Ganymède* est vraiment digne de verser l'ambroisie aux Dieux. Le bel enfant s'enlève avec grâce et abandon sur les ailes de l'étrange messager qui l'a dérobé à la terre. On a pu déjà remarquer ce tableau au palais des Beaux-Arts; il y figurait, l'année dernière, parmi les envois de Rome, et le public, si je ne me trompe, lui fit bon accueil. La composition de M. Ferrier est, en effet, très-agréable; elle nous promet un artiste de talent, si celui-ci se décide à tremper résolûment son pinceau dans la « couleur » et à rompre d'une main hardie les glaces académiques. Une observation à M. Ferrier, avant de quitter son tableau : Pourquoi a-t-il donné à Ganymède les attributs de l'Amour? N'est-ce point assez d'avoir détrôné la triste Hébé? Ganymède voudrait-il faire aussi concurrence à Cupidon? Bel échanson, vous êtes trop païen.

Ah! nous n'en dirons pas autant de l'*Achille* de M. Maillart! L'ami de Patrocle était doué d'une grande beauté, si l'on en croit la tradition sculptée ou écrite. D'après M. Maillart, Achille au contraire n'aurait jamais été qu'un vulgaire et lourd compagnon, tout au plus digne de ramer dans la galère qui porta les Argonautes à Colchos. A genoux devant une Thétis chrétienne qui a la tête enveloppée d'un nimbe et les yeux vitrés comme par des besicles, il reçoit de la déesse aux pieds d'argent l'arme qui doit venger Patrocle. Son geste est mou, sa main s'entr'ouvre à peine, quand il devrait saisir cette épée avec énergie; son visage est sot et béat. Enfin il porte un casque de verre, ce héros dont les armes furent fabriquées par Vulcain en personne, on sait avec quelle « divine intelligence ! » Vous me ferez observer, pour excuser la fragilité d'une pareille coiffure, qu'Achille se savait invulnérable dans cette partie du corps? Soit. Mais était-il bien nécessaire, après Meilhac et Halévy, d'infliger au bouillant Myrmidon ce nouveau ridicule? M. Maillart, ce nous semble, a laissé échapper ici l'occasion de symboliser la mission vengeresse confiée par la France à ceux de ses fils qui ont survécu à ses désastres.

Au contraire, *le Sacrifice à la patrie* de M. Luc-Olivier Merson, fait à Rome, comme chacun sait, embrasse dans son allégorie une idée actuelle d'un intérêt poignant. Mais pourquoi le tableau n'a-t-il pas le mérite de l'idée? Pourquoi l'œuvre de M. Merson est-elle solennelle, théâtrale, froide? Pourquoi les figures du premier plan ont-elles moins de valeur que celles des seconds? Pourquoi ce peintre semble-t-il épris de la laideur physique, lorsque les autres le sont de la beauté? Mon Dieu, que cette renommée bouffie est donc désagréable à voir, surtout avec ces banderolles qui la rendent plus lourde et plus boursouflée encore! M. Merson professe pour les colifichets un amour sans bornes. Il faudrait une voiture de déménagement pour débarrasser son tableau de tous les bibelots qui l'encombrent. On y voit entre autres choses plusieurs écritaux, dont l'un porte cette légende explicative : BELLA MATRIBVS DETESTATA. Dans ces préoccupations archaïques, dans ces recherches de l'étrangeté, qui n'ont rien de commun avec le grand art, le tout petit talent de ce jeune peintre risque fort de se perdre. Il vaudrait mieux pour lui se dégager purement et simplement des ficelles académiques dans le réseau desquelles ses premiers pas trébuchent encore. Le Sacrifice à la patrie est une composition indigeste où la Religion de Coignet se prosterne devant le Jules-César de Court, où l'on trouve de tout enfin, excepté ces deux choses : l'esprit du sujet et l'originalité de l'artiste.

M. Gervex nous dédommagera un peu. Certes, nous ne sommes pas devant un chef-d'œuvre! Toutefois, *Diane et Endymion* vaut mieux que le *Job* du même auteur. Il est évident que ce peintre s'est beaucoup inspiré de Prud'hon; mais peut-on l'en blâmer après avoir constaté les piètres résultats de ses confrères attentifs à d'autres modèles? Prud'hon, du moins, n'est pas banal. On retrouve un peu de son style dans la peinture de M. Gervex. Que n'y trouve-t-on également l'ineffable chasteté que le maître savait donner à l'expression de l'amour et pour laquelle il mériterait d'être appelé le peintre des Vierges! Si Diane n'est pas une vierge, elle est du moins la plus virginale déesse de tout l'Olympe : il est donc déplaisant de la voir, dans le tableau de M. Gervex, envelopper d'un regard lascif la nudité d'Endymion. L'artiste, on le sent, a fait de réels efforts pour rajeunir un sujet sur lequel on avait tout dit. Il a voilé discrètement la lune et plongé sa scène amoureuse dans une pénombre argentée pleine de charme. La pose de Diane a bien son mérite aussi. Mais pour ce qui est d'Endymion, il nous a paru absolument indigne de captiver les yeux d'une déesse. En donnant les formes chétives d'un gamin de Paris à ce mortel qui eut l'honneur d'enflammer la jalousie de Jupiter et le rare privilège de revenir dans les cieux après en avoir été proscrit, le peintre a voulu sans doute nous faire regretter Girodet-Trioson.

Devant les deux panneaux décoratifs exposés par M. Mazerolle, c'est Boucher que nous regrettons. Ces deux peintures de trumeau n'ont en effet d'autre intérêt que celui d'un médiocre pastiche. On n'imagine rien de plus niais que cette Vénus, si ce n'est Minerve et les divinités qui lui tiennent compagnie. On sent, hélas ! l'absence des modèles charmants qui inspirèrent les peintres et sculpteurs de l'autre siècle. Où êtes-vous, fantômes gracieux des Sabran, des Parabère, des Pompadour, des Dubarry, pastels poudrés, poupées mutines, dont le sourire libertin déconcerta les traditions majestueuses? Et vous, nymphes de l'Opéra, beautés faciles à qui les arts furent tant redevables ? Et vous, Clairon, Lecouvreur, Champmeslé, Duclos, déesses enfarinées d'un Olympe de caillettes? Si votre pas léger pouvait errer dans les dédales de ce palais massif, carré, asphyxiant, où la lumière pénètre comme dans une serre chaude, en vous voyant peintes ainsi, vous feriez une moue dédaigneuse et vous diriez : « En vérité, ce M. de Mazerolle n'est point galant ! »

§ IV. — LA LÉGENDE

MM. Luc-Olivier Merson, — Landelle, — Gustave Doré, — Henri-Eugène Delacroix, — Chartran.

La légende chrétienne présente deux aspects, également révélés par le dogme de la sanction finale. L'un est céleste, consolant, ineffable. Il nous montre la porte du paradis entr'ouverte, le bonheur des élus, le triomphe éternel de l'archange, la béatitude incorruptible des esprits purs. Il inspire Memling, Jean de Fiesole et le Pérugin. L'autre est épouvantable. C'est le soupirail de l'enfer qui bâille monstrueusement. Dürer y aperçoit son chevalier de la Mort; Holbein, sa danse macabre ; les ascètes du xiiie siècle ne font que l'entrevoir et murmurent le *Dies iræ;* Dante y plonge les yeux et enfante son épopée terrible. Encore une double source d'inspiration fermée à l'incrédulité moderne.

M. Luc-Olivier Merson exhibe un *Saint-Michel* d'une laideur repoussante, avec des yeux glauques, des lèvres glauques, des chairs glauques, exsangues, décomposées. Ce triomphateur maladif, qu'on voudrait voir garder la chambre, est armé, cuirassé, ceint de banderoles et agrémenté de mille accessoires criards qui charment peut-être les yeux ébahis des bourgeois, mais qui effarent le bon goût. Quant à M. Landelle, peintre d'église qui figurait naguère au Luxembourg à côté d'Ingres et de Flandrin, son *Ange de la pureté* et son *Ange des douleurs* sont de très-médiocres spécimens de l'imagerie religieuse.

M. Gustave Doré s'impose du moins par une puissance étonnante d'imagination et le cachet très-personnel qu'il imprime à ses œuvres. Mais peut-on s'empêcher de déplorer, devant ses toiles gigantesques, la perte plus grande encore de talent, de force et de temps dont il s'obstine à nous donner le spectacle chaque année? Le spirituel et fougueux crayonneur qui a illustré Rabelais et Balzac de vignettes si charmantes, comprendra-t-il un jour que l'on ne brosse pas « de chic » des compositions dont la grandeur aurait fait reculer Michel-Ange lui-même? A Dieu ne plaise que nous entreprenions M. Doré au sujet de son dessin qui est de pure fantaisie et de sa couleur qui est nulle! C'est principalement au point de vue de la témérité de ses conceptions que cet artiste nous paraît faire fausse route. Ses efforts seraient assurément louables si le but était possible à atteindre. Mais la peinture de cimaise est presque toujours impuissante à produire le fantastique; elle doit abandonner ces effets à la peinture de décors. Dans ce genre, que le véritable art répudie, la plus grande science de la perspective, les plus heureuses audaces de coloris, ne pourront jamais lutter avec les décorations théâtrales à qui la chimie et la mécanique apportent chaque jour de nouveaux perfectionnements.

M. Doré se trompe. Il obtient des effets en définitive très-médiocres. Ses damnés de *la septième Enceinte*, au nombre de huit ou dix mille, ne nous produisent pas à eux tous le quart de l'impression d'un seul de ces réprouvés qui se tordent et se convulsent autour de la barque de Caron peinte par Delacroix; ses serpents de Pharaon nous font rire; on cherche le petit pain de résine d'où ils se sont échappés; enfin, Dante et Virgile restent si dénués d'intérêt au milieu de ce méli-mélo monotone, qu'on ne cherche pas à les distinguer dans l'ombre où ils se dérobent. En vérité, ces six vers du poëte en disent plus que toute cette énorme toile :

« Au milieu de cet amas de cruels et odieux reptiles, couraient des gens nus et pleins d'épouvante, sans aucun espoir de refuge ni d'héliotrope. Leurs mains étaient liées par derrière avec des serpents, et ceux-ci dans leurs reins enfonçaient la queue et la tête et se nouaient sur leurs poitrines. »

La *Divine Comédie* a également tenté le pinceau de M. Henri-Eugène Delacroix (un nom difficile à porter entre tous). Ce peintre nous montre, dans des dimensions moins exagérées que le précédent, le *Supplice réservé aux dissipateurs*. Puisse un sujet de moindre im-

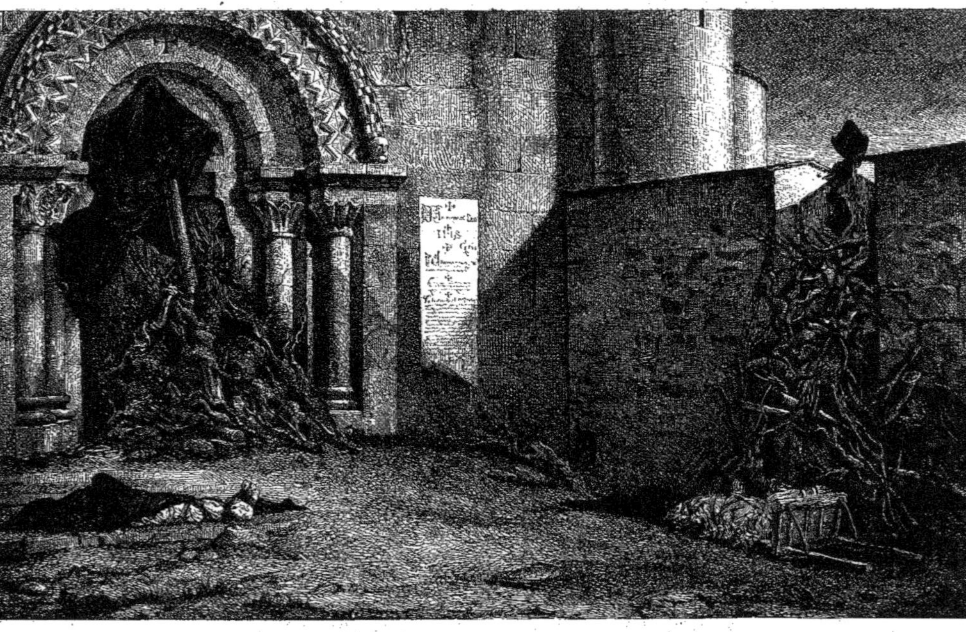

L'INTERDIT - Tableau de M. PAUL LAURENS.

portance nous permettre d'apprécier, aux expositions prochaines, les qualités de ce jeune artiste!

La légende chevaleresque a inspiré M. CHARTRAN. Encore un jeune. Son *Angélique et Roger*, peinture de genre décoratif, où l'on doit regretter l'emploi des tons de faïence, se recommande par un dessin assez ferme et un mouvement très-heureux. Le groupe s'enlève d'ensemble avec vigueur et légèreté. Nous adresserons néanmoins une simple question à M. Chartran : A-t-il vu, dans les galeries du Luxembourg, une toile signée Blanc, et connue sous le nom de *Persée et Méduse?* Nous inclinons à croire qu'il l'a vue, qu'il l'a même trop vue...

§ V. — LA PEINTURE D'HISTOIRE

MM. LÉON GLAIZE, — J.-PAUL LAURENS, — PUVIS DE CHAVANNES, — CLUYSENAAR, — CORMON, — SYLVESTRE, — GRANDJEAN, — BEYLE, — GRELLET, — WAUTERS, — GUESNET, — H. DE CALLIAS.

Nous savons comme on écrit l'histoire, de nos jours ; voyons comme on la peint.

Certes, l'histoire abonde en épisodes tragiques bien faits pour tenter le pinceau des artistes qui ont la religion du grand. Mais ses pages sont pleines aussi de scènes d'épouvante et d'atrocité, qui pèsent sur la conscience humaine comme un cauchemar sur le sommeil. Le devoir de l'historien ne lui permet pas de les passer sous silence ; mais il semble que l'artiste ait mieux à faire que d'en perpétuer le souvenir.

Les amateurs de l'horrible trouveront de quoi se repaître les yeux dans le tableau de M. LÉON GLAIZE, *Une conjuration aux premiers temps de Rome*. Des êtres, qu'on ne peut se résoudre à nommer des hommes, sont groupés dans des attitudes violentes autour d'une table de marbre où palpite le cadavre d'une victime égorgée. Nus, effroyables, livides, paraissant plus effarés de l'assassinat qu'ils ont commis que pénétrés de la solennité de leur serment, ils boivent le sang du mort et tendent leurs bras crispés sur ses entrailles. On dirait des fous furieux se livrant à quelque orgie dans un cabanon. L'un d'eux, sans doute le premier atteint par la nausée du breuvage, roule des yeux truculents et roidit ses membres convulsés, comme à l'approche d'un spasme épileptique. Un autre que M. Glaize aurait voulu dissimuler le côté purement barbare de cette scène, qui alors se serait imposée avec une certaine grandeur. Au contraire, M. Glaize a pris à tâche de nous la présenter sous son jour le plus odieux, si bien qu'oubliant l'excuse sacrée dont les acteurs de ce mystère patriotique auraient pu être couverts, nous nous détournons avec dégoût de ce spectacle repoussant.

Bien différent de M. Glaize, M. JEAN-PAUL LAURENS, en grand artiste qu'il est, a su nous communiquer une émotion forte et même poignante, mais poétique dans son austérité. Tout le monde connaît le sujet de l'*Interdit* ; nous n'y reviendrons pas. Voyons plutôt de quelle manière le peintre a interprété cette douloureuse page de notre histoire. La composition est simple et sévère : un parvis étroit, devant une église de campagne ; à droite, le champ des morts ; au dernier plan, sur la gauche, un porche à plein cintre du XIᵉ siècle ; la porte du cimetière et celle de l'église sont bouchées avec des broussailles ; en haut, l'on aperçoit un coin du ciel, qui est bleu et toujours ouvert, lui ! La croix, signe de rédemption et de pardon, est voilée d'un grand crêpe noir, tandis que la bulle papale, où pend le sceau d'un archevêque, déroule ses plis rigides sur les murs du temple aboli. Au milieu de cette solitude effrayante, deux cadavres, enveloppés d'amples linceuls, sont couchés sur des civières, dans la pose qu'ils doivent garder éternellement ; l'un d'eux est celui d'une jeune fille : il est jonché de quelques fleurs ; ils attendent leur sépulture avec la patience immobile de la mort, et rien n'est plus saisissant que cette image de la résignation muette avec laquelle on acceptait alors les inéluctables décrets de l'Église. Dans cette œuvre profonde, l'idée et le sentiment ont une même élévation, et l'on ne sait ce qu'il y faut admirer le plus ou du penseur ou du poète.

L'œuvre qui lui fait pendant, l'*Excommunication*, est presque de tous points digne d'elle. Nous sommes dans la salle capitulaire de Saint-Denis, où le roi de France avait autrefois un trône. Ce trône, c'est Robert qui l'occupe, mais non plus un prince chrétien, car il est moins qu'un homme, ce pauvre roi, après l'anathème qui vient de le frapper! Son sceptre n'est plus qu'un roseau ployé par la main de fer de l'Église. Sa puissance? il en a le symbole devant les yeux : un flambeau éteint qu'on a renversé violemment sur le sol et qui exhale sa dernière fumée. C'est en vain qu'une femme pleine de révolte et d'amour, celle qu'il a voulu élever si haut et qu'il précipite avec lui dans un abîme si profond, semble vouloir lui faire un monde avec ses deux bras enlacés. Lui, l'homme et le roi, n'a point la hardiesse de la femme ; il subit, s'incline et voit avec épouvante le vide qui se fait autour de lui. La salle est déjà presque déserte ; l'évêque s'éloigne accompagné de son clergé ; en moins de temps qu'il n'en faudra à ces coussins pour perdre leurs empreintes, ils seront seuls, plus seuls que ces cadavres de l'*Interdit*, à qui du moins une main pieuse est venue porter quelques fleurs. L'auteur a su donner à son tableau cette impression de coup de foudre qui domine toute la scène. S'il avait traité un peu plus en grand les deux principaux personnages et rendu plus lointaine la perspective des derniers plans, il semble que son œuvre eût été parfaite.

M. PUVIS DE CHAVANNES est, lui aussi, poète dans sa peinture, et, toutes réserves faites pour le genre auquel il s'est exclusivement voué, on ne peut trop le louer du sentiment idéaliste qui anime ses grandes compositions murales. *Sainte Radegonde au couvent de Sainte-Croix*, présidant le cénacle pacifique des poètes, lettrés, clercs et savants de son époque, est peut-être l'une des meilleures inspirations de M. Puvis de Chavannes. Rien ne convenait mieux à sa manière et à son tempérament. Radegonde a la beauté éthérée d'une sainte, la distinction d'une femme artiste, la majesté d'une reine. Une infinie douceur, un charme exquis et pénétrant se dégage de cette scène calme, dont le contraste avec les temps de barbarie où elle se passe augmente encore l'impression. Le goût (peut-être un peu trop sobre) de l'artiste se retrouve dans le choix, toujours difficile, des accessoires ; mais où il éclate surtout, c'est dans la mise en scène des personnages secondaires de son tableau, les nonnes de l'abbaye de Sainte-Croix, pauvres filles ignorantes et pieuses qui vaquent paisiblement à leurs travaux ou à leurs dévotions, tandis que quelques autres, par privilége de sapience, assistent leur abbesse et prennent part à ses nobles jeux. Rien ne serait sans doute plus facile que de critiquer M. Puvis de Chavannes sur l'insuffisance de son dessin et de son coloris. Mais quand on a les yeux ulcérés par la vue de tant de crudités malsaines, on éprouve le besoin de les reposer sur une œuvre de haut goût.

La peinture murale est également représentée au Salon par la réduction d'une fresque de M. CLUYSENAAR. L'original orne l'escalier du palais de l'Université, à Gand. L'auteur a réuni au milieu des ruines pittoresques d'un temple grec les plus grandes figures de la Renaissance et de la Réforme. Les groupes sont heureusement disposés, les attitudes très-conformes aux caractères des personnages et les physionomies expressives.

Nous aimons ces grandes compositions qui ont le triple intérêt de l'allégorie, du portrait et de l'histoire. Outre leur mérite artistique, elles ont toute la portée d'un enseignement. On peut néanmoins regretter que M. Cluysenaar n'ait pas cru devoir faire dominer cette œuvre par un groupe auquel il aurait donné plus de valeur qu'aux autres, ainsi que l'a fait Delaroche dans son Hémicycle. Son tableau y eût gagné ce qui lui manque : un centre.

Si vous êtes amateurs de contrastes et si la peinture à fresque, avec ses tons de plâtre et de terre cuite, ne parle pas assez à vos sens, regardez la *Mort de Ravana*, par M. CORMON, un coloriste, s'il vous plaît ! Sommes-nous en 1875 ou en 1830 ? Devant la toile de M. Cormon, le doute est permis. Êtes-vous bien sûrs de n'avoir pas vu passer dans les salles de l'Exposition le divin Théo en gilet rouge, escorté des têtes les plus léonines de l'hôtel Pimodan ? Ne vous a-t-il pas semblé, comme à nous, entendre le Philistin indigné proférer dans les plis empesés de sa cravate les vieux anathèmes poncifs ? Époque féconde, jours de fièvre et de foi, que beaucoup d'entre nous aujourd'hui n'ont point connus, il s'est donc trouvé un peintre assez rétrospectif pour vous ressusciter !... Mais non, soyons plus juste et plus modeste pour M. Cormon. Interprétons mieux la pensée moins ambitieuse à qui nous sommes redevables d'une deuxième édition du *Massacre de Scio*. En reproduisant aussi scrupuleusement qu'il a été en son pouvoir la célèbre toile que nous pouvons tous — enfin ! — admirer au musée du Louvre, M. Cormon a voulu rendre à notre grand Delacroix un hommage sincère, loyal, dépourvu de tout artifice. Nous n'avons pas à considérer pourquoi il a débaptisé un tableau si populaire ni pourquoi il a transporté dans l'Inde un drame que nous savons tous s'être passé dans l'Archipel. Il a eu sans doute ses raisons pour cela. Bornons-nous à donner acte à M. Cormon de la rare abnégation avec laquelle il fait incliner son talent devant le génie d'un maître.

Si M. Cormon est déjà coloriste, M. Sylvestre cherche à le devenir. Nous croyons qu'il y réussira, et par des moyens plus personnels. Pour le moment, sa palette criarde nous met la larme à l'œil. Toutefois, le jeune peintre qui a signé la *Mort de Sénèque* n'est pas le premier venu et les qualités que son œuvre révèle n'ont assurément rien de vulgaire. Sénèque, philosophe stoïcien, que Caton d'Utique, bien qu'appartenant à la même école, n'aurait peut-être pas appelé confrère, est néanmoins, avec Caton, un des rares philosophes qui ont su bien mourir. Plus frappante encore est l'analogie de sa fin avec celle de Socrate. Comme le grand Athénien, condamné à la mort, il va courageusement au-devant d'elle. Socrate refuse de s'évader de sa prison ; Sénèque n'écoute pas la fuite qu'on lui conseille. Cet acte de courage lui fait pardonner bien des faiblesses, et le complaisant précepteur de Néron se transfigure à ses derniers moments. Ses amis l'entourent ; la maison est pleine de larmes et de bruit ; les serviteurs courent affolés et vont colporter au dehors la nouvelle qui fera l'étonnement de Rome ; seul calme au milieu du désespoir des siens, à peine ébranlé par la vue de l'héroïque épouse qui l'accompagne dans son suicide, « tour à tour consolateur et sévère, » Sénèque rappelle aux préceptes du Stoïcisme les témoins de sa mort et, par testament solennel, leur lègue l'exemple de sa vie.

Très-pénétré de ce beau sujet, le peintre s'est efforcé de le traduire avec toute la fougue de la jeunesse et cette inconscience des difficultés qui permet parfois de les vaincre. Il n'y a pas réussi pleinement ; il s'en faut de beaucoup. Je conviendrai même qu'au premier aspect son tableau produit, tant par l'arrangement que par la couleur, une impression désagréable. Mais si vous parvenez à soustraire votre rayon visuel à la sollicitation tyrannique de ces deux draperies, qui, également éclatantes et symétriquement disposées, bouleversent toute l'harmonie de la composition, vous admirerez comme elle le mérite la grande et belle figure du philosophe mourant.

M. Sylvestre avait lu Tacite avant de faire le croquis de son tableau. Il paraît moins probable que M. Grandjean, avant de faire sa *Jeanne d'Arc*, ait lu l'admirable livre de Michelet, l'historien-poète. Celui-ci lui aurait suggéré sans doute une héroïne plus conforme à la tradition et surtout à l'idéal. Il semble aussi que M. Beyle aurait pu faire mieux qu'une vignette avec le sujet charmant qu'il a voulu peindre : *Bayard et les jeunes filles de Brescia*. Que n'a-t-il donné plus de caractère aux physionomies de ses personnages et moins de soins à ses bibelots ? Quant à M. Grellet, qui doit être pourtant un érudit, si l'on en juge par les sources obscures où il est allé puiser l'inspiration d'une grande toile, *Saint Bernard et Guillaume d'Aquitaine*, c'est surtout devant sa façon de peindre l'histoire que nous apprécions celle de M. Laurens.

Dans l'œuvre de M. Wauters, *La folie du peintre Hugues Van der Goes*, on remarque un sentiment plus exact du milieu où la scène se passe. C'est en Belgique, au xvie siècle, dans un couvent. Un groupe d'enfants de chœur et de musiciens ambulants que le prieur a réunis s'efforcent de calmer la fièvre du malade. Chanteurs et joueurs de guitare, par le naturel de leurs attitudes et l'expression compatissante de leurs physionomies, font un charmant petit orchestre. Si pourtant l'on essaye de se figurer, par un examen attentif, les chants qui sortent de ces bouches, il doit en résulter un concert à l'unisson de l'effet le plus monotone ; et voilà sans doute pourquoi ce pauvre Van der Goes nous a paru si horriblement agacé. L'observation pourra sembler subtile ; mais nous avons, malgré nous, pensé devant ce tableau au bas-relief de Lucca della Robbia que vous avez pu admirer aux Offici ; et le souvenir nous est revenu de cette gamme des sons que le vieux maître a su faire parcourir aux chantres de son Lutrin d'une manière si saisissante.

Citons enfin deux toiles où les défauts sont en plus grand nombre que les qualités, mais qui font toutes les deux honneur à M. Guesnet et à M. Horace de Callias. Nous n'aimons pas trop l'allusion qui se cache sous le *Campement des Barbares dans une villa romaine*. Si, comme il est facile de s'en douter, le peintre a voulu figurer nos vainqueurs d'hier, il n'a pu le faire avec assez de liberté pour donner à sa toile tout l'intérêt nécessaire. L'effet produit est médiocre. Du reste, tous les premiers plans de son tableau se ressentent de cette gêne. Le groupe où domine le vieillard attaché à une colonne est particulièrement détestable. En revanche, le fond est très-bien traité et mis en plein soleil à droite, sous le portique, au premier plan en pleine lumière avec beaucoup de relief. Dans l'œuvre de M. de Callias, *La Martyre byzantine*, qui nous promet un excellent coloriste, le mannequin et le modèle se font un peu trop sentir.

— —

§ VI. — LA PEINTURE MILITAIRE

MM. Castellani, — Roll, — de Neuville.

La peinture militaire a son tombeau à Versailles, à côté de bien d'autres morts. De temps en temps nous en voyons passer quelques spécimens dans nos expositions du Palais de l'Industrie. Mais après un court séjour dans la capitale, ils ne tardent pas à disparaître, ensevelis dans des caisses coûteuses et transportés à la gare Saint-Lazare, pour aller rejoindre leurs frères où vous savez bien. A des intervalles assez rapprochés, quand la fosse commune est trop pleine, l'administration, par mesure de salubrité artistique, en exhume une certaine quantité, et le convoi s'achemine alors tristement vers les musées de province.

C'est le sort qui attend le *Combat de Pali-ki-ao* et autres peintures (?) officielles dont le Salon de cette année est assez abondamment pourvu. *La charge des Zouaves de Loigny*, malgré les qualités qui la distinguent, n'échappera pas davantage à la commune destinée.

Un bon point, en passant, à M. Roll, pour avoir essayé de faire revivre la grande peinture militaire comme la comprenait Géricault. Son *Halte-là !* autrement dit un coup de pointe envoyé, suivant les règles de l'art, par un cuirassier français dans la poitrine d'un cuirassier prussien, gagnera certainement à être gravé.

Mais nous croyons que ce genre n'a plus désormais d'avenir. Là vogue est toute à la peinture de M. de Neuville, centre et soleil autour duquel gravitent d'innombrables planètes de petite grandeur. Nous aurons l'occasion, dans le cours de ce travail, de regarder passer le défilé de leurs bonshommes de plomb ; mais les soldats de M. de Neuville méritent une place à part. Ceux-là vivent du moins, et toute la furia française et toute l'âme de la patrie sont en eux. L'*Attaque d'une maison à Villersexel* est digne du pinceau qui a tracé les *Dernières*

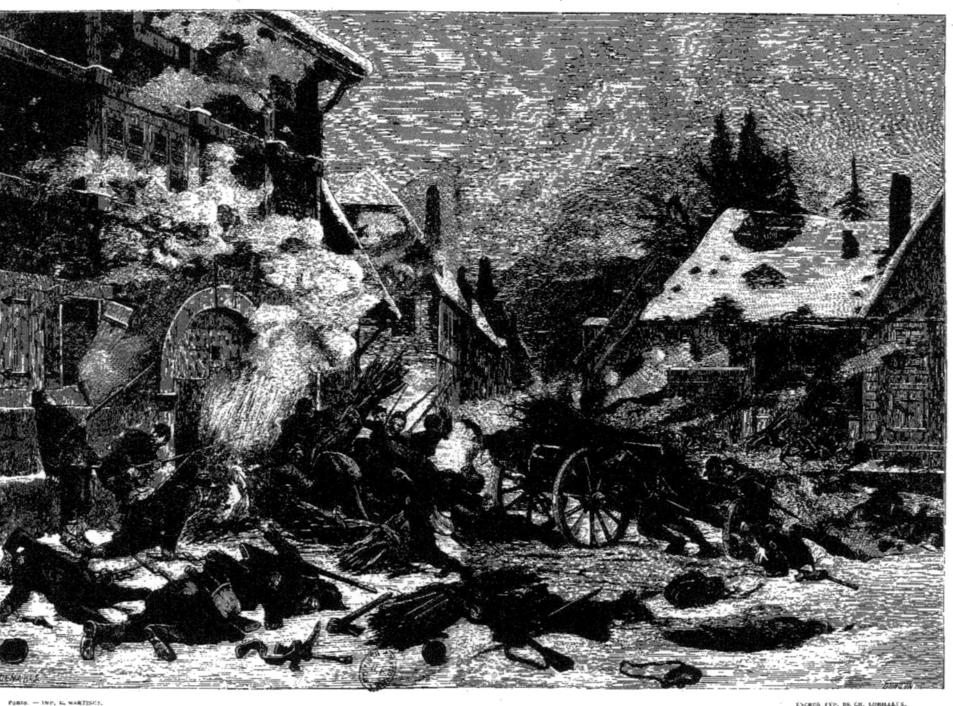

COMBAT DE VILLERSEXEL. — Tableau de M. A. DE NEUVILLE.

(Reproduit avec l'autorisation de MM. Goupil et Ce, seuls propriétaires du droit de reproduction.)

cartouches, et c'est le plus bel éloge que nous en puissions faire. Seulement, qu'il nous soit permis de regretter, outre la tendance de M. de Neuville à ne plus faire, lui aussi, que des figurines, le choix même de son drame belliqueux. Il est possible que dans la fièvre des passions sanglantes que la guerre allume en nos cœurs, des soldats français aient pu enfumer, comme renards dans une tanière, leurs impitoyables ennemis ; mais, en principe, il vaudrait mieux laisser à ces derniers le triste honneur de ces sortes d'exploits, et par suite, ne pas en consacrer le souvenir, si toutefois ils ont eu lieu.

§ VII. — LE NU

MM. Falguière, — Henner, — Jules Lefebvre, — Perrault, — Alexandre Cabanel, — Garnier, — Bouguereau, — Collin, — de Dramard, — Parrot, — Cetner, — Charbonnel, — Béraud, — Devedeux, — Henry de Beaulieu, — Courtat, — James Bertrand.

Nous voici arrivés à la partie la plus délicate de notre tâche. Il s'agit de parler des nudités qui abondent au Salon de 1875 et qui, sous une étiquette quelconque, empruntée à l'histoire, à la fable, au roman ou à la fantaisie, ne sont pas autre chose que des nudités. La plupart des artistes qui se font aujourd'hui une spécialité de la peinture du nu cultivent exclusivement l'académie féminine. Jamais, dans nos expositions publiques, le petit sexe n'a été plus dépourvu de voiles que depuis vingt ans.

Mais le nu que nous avons sous les yeux n'est pas celui dont Théophile Gautier déplorait l'absence. « On ne fait plus de nu ! » s'écriait-il avec une douleur olympienne. Gautier avait raison : on fait du déshabillé. La callipyge s'étale et semble vouloir couronner le frontispice du temple hybride de notre art. Nudité bête ou impure : cette alternative semble fatale à nos peintres. On pourrait, au besoin, s'en servir comme de base pour diviser leurs œuvres en deux catégories distinctes. Mais la nudité qui triomphe, c'est encore l'impure, c'est celle de Hassan étendu sur sa peau d'ours. Qui donc ramènera parmi nous la compréhension du nu antique, de ce nu qui n'a jamais indigné que le trop pudibond Sosthènes, de ce nu enfin qui fait que l'on regarde d'un œil également pur le groupe des trois Grâces et Romulus enfant tétant la louve divine ?

Si nous éprouvons quelque répugnance à parcourir dans votre honnête compagnie, lecteur, cette galerie étrange, nous devons vous prévenir de n'avoir aucun trouble. Allez ! armez-vous de la confiance de Dorine, et ne craignez pas pour votre salut ! Vous êtes sans doute de ceux qui disent avec Diderot : « J'aime bien à le voir, mais je n'aime point qu'on me le montre. »

Voici d'ailleurs deux œuvres, traitées de façon magistrale, qui nous aideront à tolérer le reste. Regardons-les tout d'abord.

L'une d'elles, n'en déplaise aux peintres, porte la signature d'un sculpteur. Est-ce la première fois que M. Falguière a laissé l'ébauchoir pour le pinceau ? Je l'ignore. Toujours est-il que son début dans nos expositions publiques vaut un coup de maître. Ses *Lutteurs* sont de la bonne et belle peinture, dont le seul aspect nous prouve une fois de plus qu'une éducation bien soignée vaut mieux, en art, que la plus longue pratique. On ne sait ce qui mérite le plus d'éloges dans la toile de M. Falguière, de sa couleur très-juste ou de son dessin très-pur. Voilà deux torses, quatre bras et quatre jambes d'une facture plus michel-angesque assurément que l'anatomie fantaisiste de M. Doré ! M. Falguière eût fait une œuvre irréprochable s'il avait plus aéré le fond de son tableau et donné aux spectateurs de la lutte des physionomies un peu moins... — qu'il nous permette l'expression, — un peu moins « canailles ». Ces dilettante du croc-en-jambe exhalent un fumet de *déboulonneurs* qu'il n'est jamais agréable de flairer. Enfin une légère critique de détail : pourquoi ce gland de soie jaune au milieu du tableau ? On dirait d'une allu-

mette chimique allumée en pleine pénombre ; cela distrait l'œil et empêche de voir.

Moins réaliste est l'œuvre de M. Henner, qui, sous ce titre : *Naïade*, expose une petite toile d'une saveur corrégienne, une toute petite toile pleine de charme et de grâce exquise, véritable merveille de couleur et de modelé, devant laquelle on comprend beaucoup mieux que par n'importe quelle amplification littéraire la signification de ces trois mots : le grand art. Si l'on ne peut dire, en effet, que cette naïade soit un *tableau*, elle est moins encore ce qu'on appelle un *tableautin*. La vérité est que c'est une étude où l'on voit resplendir la manière large et puissante des maîtres italiens.

Nous saisirons cette occasion pour adresser à M. Henner un reproche qu'il mérite depuis longtemps. Lorsqu'on est, en effet, doué comme M. Henner, il ne faut pas se borner à faire comprendre ce qu'on pourrait faire, il faut montrer tout ce qu'on peut. Des portraits ou des études ne nous suffiront plus à l'avenir. M. Henner nous doit des tableaux. Il est temps qu'il secoue sa torpeur et qu'il attache son nom à une œuvre tout à fait digne de son grand talent.

Passons maintenant, moins en critique, hélas ! qu'en médecin, la revue sommaire des nudités malsaines qui défilent sur les murs de l'Exposition. Nous avons sous les yeux une collection de maladies dont les plus fréquentes sont la chlorose, l'anémie, l'hydropisie et la jaunisse ; nous y constatons les états pathologiques les plus graves, depuis la léthargie intense jusqu'à l'hystérie aiguë.

Voici d'abord la *Chloé* de M. Jules Lefebvre. Sa blancheur de spectre nous inspire des craintes sérieuses. Évidemment cette jeune personne ne vivra pas. Le *Rêve*, idéale composition inspirée au même auteur par un poème d'Ossian, n'est pas plus glacial que cette pauvre nymphe. Froideur et niaiserie vont souvent de pair : Chloé à l'une et l'autre. Quand donc M. Lefebvre nous délivrera-t-il de ces effets de blanc sur blanc ? Ce procédé nous paraît peu sincère. Chloé nous fait regretter certaine femme couchée à qui le peintre a dû sa réputation. On grelotte devant ce tableau. On éprouve le désir de s'emparer du manteau bleu dont la pauvre enfant s'est imprudemment dépouillée et de lui en couvrir les épaules.

Du moins M. Lefebvre doit-il à cette froideur une chasteté que nous ne retrouvons ni dans la *Baigneuse* de M. Perrault, à la fois indécente et bête, ni dans une « dondon » à chairs flasques, que M. Cabanel appelle Vénus. Eh quoi ! c'est ainsi qu'on nous peint la déesse de la beauté ! Mais jamais l'Amour ne pourra regarder cette mère en face ! Est-ce pour cela qu'il demeure aveugle ?...

Mais voici encore des Baigneuses. Elles foisonnent et sont, pour la plupart, inspirées d'une *Orientale* à qui nous devons autant de mauvaises peintures que de méchants vers.

> Elle est là, sous la feuillée,
> Eveillée
> Au moindre bruit de malheur.....

a dit l'admirable poète, et M. Garnier, qui se propose de rendre par sa toile cette impression délicate, nous peint une baigneuse roide comme un pieu.

Celle de M. Bouguereau, autre nymphe d'atelier, haut perchée sur ses jambes grêles, est, des pieds à la tête, dépourvue de toute fraîcheur. M. Bouguereau ne nous avait pas habitué à tant de réalisme. Nous lui préférons de beaucoup l'*Idylle* de M. Collin, une fille saine et robuste, à qui néanmoins on peut reprocher la couleur vineuse de ses chairs. Nous aimons mieux encore la *Nymphe à la source*, exposée par M. de Dramard : sous un berceau de feuillage, où tremblotent des gouttes d'eau irisées par la lumière, la jeune vierge s'avance avec un pas de faon effarouché pour recueillir dans sa main les fraîches larmes de la roche. Quelque inexpérience qu'il trahisse encore, ce tableau nous fait éprouver du moins une sensation agréable comme des souffles de brise. M. PARROT, en traitant à peu près le même sujet, s'est contenté d'ajouter à la collection des œuvres sans style une banalité de plus.

Nous en passons, et des plus mauvaises; mais si nous croyons devoir mentionner la *Salammbô* de M. CEYNER, la *Danaé* de M. CHARBONNEL et même la *Léda* de M. BÉRAUD, c'est uniquement pour rappeler à ces artistes que lorsque Titien et Raphaël faisaient à leurs maîtresses l'honneur de les peindre, ils avaient soin de les idéaliser. Nous ferons observer en outre à M. Ceiner que le *quidlibet audendi pictoribus* a des bornes tout indiquées par le bon sens le plus élémentaire. Figurer l'étrange prêtresse Carthaginoise sous les traits d'une grisette parisienne, cela est plus que de l'ignorance.

Du reste, toutes ces compositions, où vibre un sensualisme grossier, s'effacent devant celles de feu M. DEVEDEUX et de M. Henry DE BEAULIEU. La première est une scène de bains de mer qui, j'aime à le croire, ne se passe pas sur une plage fréquentée. La seconde est une élucubration satyriasique qui dépasse encore de beaucoup l'effronterie de l'autre. M. Henry DE BEAULIEU a le goût de la décomposition.

L'année dernière, il nous conduisait à la Morgue. Cette année, c'est au Lupanar.

Bien qu'il soit difficile d'être décent dans la peinture du nu, surtout lorsque le sujet comporte de la passion, l'écueil n'est pas insurmontable. Il faut donc savoir gré à M. COURTAT d'avoir su, sans nous offusquer, nous présenter le groupe amoureux de Léda et de Jupiter. Du reste la peinture de M. Courtat se recommande par des qualités très-sérieuses.

Terminons cette triste nomenclature par deux envois de M. JAMES BERTRAND : *Madeleine* et l'étrange tableau qui a nom *Connais-toi toi-même*. Madeleine, couchée à la manière de celle du Corrége, ne rappelle, hélas! que de très-loin le chef-d'œuvre du musée de Dresde. Quant à ce tour d'équilibre vertigineux qui a la prétention de symboliser l'inscription d'Éphèse, le modelé remarquable de la figure ne rachète pas l'effet grotesque du tableau. Ces niaiseries ambitieuses peuvent charmer M. Prudhomme en lui posant des rébus à la hauteur de son intelligence ; mais, grâce à Dieu, nous sommes plus difficiles.

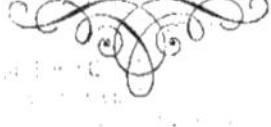

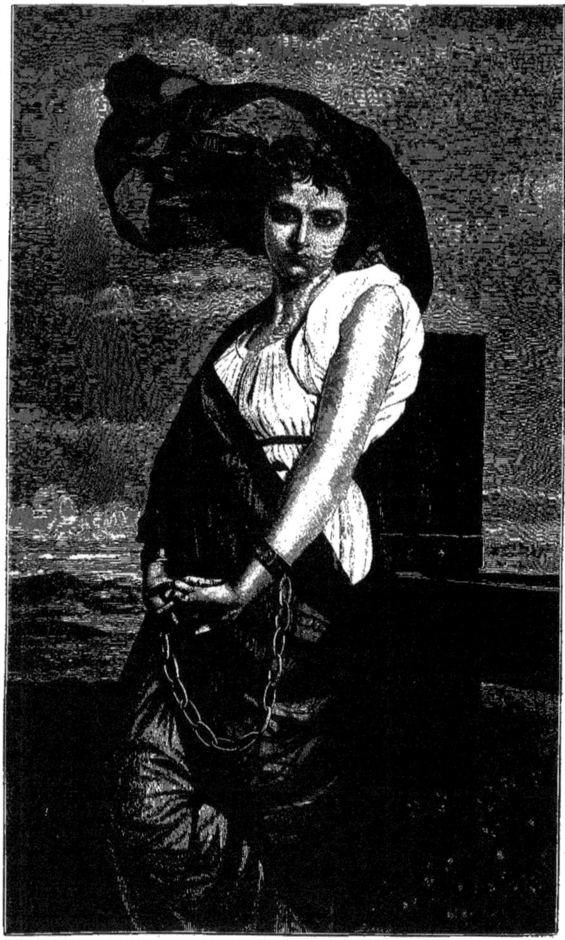

L'ESCLAVE. — Tableau de Madame LAURE DE CHATILLON

(D'après la photographie de MM. Goupil et Cie, seuls propriétaires du droit de reproduction.)

LA PEINTURE DE GENRE

§ I. — LA FIGURE DE COMPOSITION

MM. THIRION, — BLANCHARD, — BASTIEN-LEPAGE, — SOYER, — JACQUET, — VÉLY, — GOUPIL, — JAMES BERTRAND, — CHATILLON (Mme Laure de), — CHAPLIN, — POLENOFF, — TOMPKINS (Mlle), — MULLER, — LOBRICHON, — BRION.

Dans la figure de composition, le peintre se propose ordinairement deux choses : exprimer un sentiment, produire un type. Il faut avoir un grand talent pour atteindre ce double but ; il faut aussi une certaine science et un goût très-sûr. L'Andalouse ne sourit pas comme la Parisienne ; l'extase chez le moine chrétien ne peut se traduire comme chez le derviche ou le bonze ; malgré l'analogie de la situation psychologique, un visage d'Anglais que le *spleen* consume ne doit pas ressembler à un visage tudesque ravagé par le *angst*. En outre, certaines expressions sont inhérentes à certains types, surtout lorsque ces derniers appartiennent à la tradition ou à l'histoire.

Énoncer des principes aussi élémentaires pourrait sembler puéril, si on ne les voyait enfreindre par des artistes fort honorablement connus. De ce nombre est M. THIRION qui ne craint pas de donner à *Sainte Thérèse* la physionomie d'une prude campagnarde ou de je ne sais quelle dévote illuminée, dépourvue de toute noblesse, distinction et grand caractère. Qui reconnaîtrait dans cette effigie la célèbre réformatrice du Carmel, femme de lignée aristocratique, âme ultra-idéaliste, esprit de premier ordre ? Je soupçonne la sainte Thérèse de M. Thirion de mêler aux pratiques de piété le petit commerce des miracles.

Ce qui fait à nos yeux le grand mérite de M. BLANCHARD, c'est qu'on n'a pas besoin de voir le costume de sa belle *Cortigiana* pour comprendre quelle femme il a voulu peindre, à quelle classe de la société elle doit appartenir, sous quel soleil elle a dû naître et dans quel temps il la fait vivre. Antique par le front, dont la ligne pure et ferme se continue avec celle du nez presque sans inflexion ; oriental par la fente des yeux et les tons ambrés de la chair ; italien par son bandeau de nattes opulentes d'où sortent des reflets mordorés : ce type étrange et savoureux est bien celui de la beauté vénitienne telle que l'ont vue le Giorgione, le Titien et Véronèse. Examinez attentivement ce visage ; vous y lirez l'histoire de Venise au XVIe siècle ; vous y reconnaîtrez la parfaite expression sociale de cette époque incarnée dans la courtisane. Car c'est elle, la *Cortigiana*, la souveraine, qui commande et règne par la volupté et règne par la corruption ! A ses pieds, tandis que les épouses légitimes, esclaves à Venise, reines ailleurs, languissent dans leurs gynécées, cette fille de sang mêlé voit se courber les patriciens de souche illustre, les Mocenigo, les Faliero, les Contarini. C'est elle qui les ruine et fait rayer leurs noms du *Livre d'Or*. Elle épuise avec eux le fond de la coupe où ils laissent leur virilité et où elle retrouve sa force. Étant ce qui souille, elle ne peut se souiller elle-même. Aussi comme elle sent bien sa puissance ! Quel dédain amer dans cette bouche dont le sourire immobile esquisse un éternel baiser ! quelle cruauté dans ces yeux impérieux dont la langueur, vous enveloppe et dont l'appel vous fascine ! quel masque savant s'est composé cette Joconde de la fange ! quel gouffre dans cette séduction !

A moi tous les orfévres du Rialto ! où sont vos perles, vos rubis, vos diamants, et vos parures les plus précieuses, et vos merveilles les plus rares ? Voilà ma fortune en échange. Prenez ces joyaux, mon âme avec, et allez porter le tout à la Cortigiana !

Mais non : laissons les fils des doges se damner pour cette sirène. Au surplus, il nous suffit de regarder la *Communiante* de M. BASTIEN-LEPAGE, ou la *Carmélite* de M. PAUL SOYER pour revenir à de meilleurs sentiments. Elles sont particulièrement remarquables, ces deux figures, bien que d'un style fort opposé. La première semble peinte par Clouet, la seconde par Champaigne. L'une a le modelé ferme et le dessin arrêté des pères de l'École française ; l'autre a ces lignes noyées d'ombre et ce clair-obscur si chers aux maîtres flamands. Le gros public n'appréciera pas à leur juste valeur ces deux toiles de haut goût où le sentiment ne le cède en rien à l'exécution. Il aime mieux se ruer autour des prodiges d'imagination qu'enfantent chaque année les peintres de l'École photographique. J'avoue, en effet, qu'il faut être doué d'une faculté prodigieuse de conception pour faire la *Cigale et la Fourmi* de M. Vibert ; tandis que le premier venu, sans doute, peut composer aussi bien que M. Paul Soyer une tête suave de jeune novice où l'on déchiffre avec émotion le douloureux mystère de la vocation contrariée, la conscience vague des joies qu'on ne connaîtra point et peut-être le ressouvenir des bonheurs à peine entrevus... ? Cette peinture fait le plus grand honneur à M. Soyer.

Ainsi réconfortés par la vue de ces pieuses images, nous pouvons affronter hardiment des séductions plus profanes. Certes, elle est piquante, la *Rêverie* où nous entraîne M. JACQUET, et nous ne dédaignons pas le plaisir de suivre cette jolie jeune femme dans le mystérieux voyage de sa pensée. Qui vous dira le secret de ces grands yeux voilés d'ombre ? L'amour, mot magique par lequel on dénoue l'éternelle énigme féminine ! Mais ce n'est plus la courtisane que nous voyons ici. L'étincelle qui est au fond de ce regard rêveur jaillit d'une flamme sincère. Elle aime, la pauvre enfant ; elle s'est donnée, elle se donnera encore, et cela avec tout l'abandon que laisse deviner son être souple et gracieux ! Que fait-elle, à présent, dans la discrète et somptueuse solitude qui l'entoure, blottie dans sa robe de chambre comme une chatte dans sa fourrure ? Sans doute *il vient de partir*, et ses pas, qu'elle entend décroître, elle les accompagne d'un regret, d'une crainte vague, peut-être d'un soupçon..... — En attribuant une médaille de 1re classe aux tableaux de M. Jacquet, dont on ne saurait trop louer, du reste, le dessin noble et le chaud coloris, le jury peut être certain d'avoir ratifié le suffrage des amateurs.

Sous ce titre, *Méditation*, M. VÉLY a donné une sorte de pendant à la *Rêverie* de M. Jacquet, bien qu'il nous reporte à trois siècles en deçà d'aujourd'hui en nous montrant une des belles élégantes de l'époque de Charles IX. Cette *noble et vertueuse dame*, comme l'eût appelée Brantôme, a bien le profil néo-grec, la taille svelte et les doigts en fuseau, en d'autres termes, la beauté qui fut de mode en ce temps-là ; mais derrière ce masque, dont nous constatons avec plaisir la scrupuleuse exactitude, on cherche vainement la femme, on ne trouve que le mannequin. Poupée de cire habillée de lampas, assise sur un trône d'étoffes, elle ne parle qu'à nos yeux et semble pour ainsi dire brodée sur les tapisseries qui l'entourent. Ces préoccupations matérielles de la couleur locale sont un danger pour les peintres désireux de ne pas être confondus avec les adeptes de l'École photographique.

Revenons sur nos pas, et, par une enjambée de deux cent cinquante ans, arrivons au Directoire. M. JULES GOUPIL affectionne particulièrement cette ère du mauvais goût. A Dieu ne plaise que nous voulions assigner à M. Goupil une autre source d'inspiration! Si les mascarades étranges de l'an V de la Liberté ont du charme pour lui, nous n'y trouvons rien à redire. Nous devons même convenir qu'il peint excellemment ce qu'il veut peindre et qu'il a très-bien incarné l'esprit du temps dans cette femme à la fois élégante et ridicule. Singulière époque où la royauté abolie fit place à la tyrannie de la mode, et où celle-ci régna comme un despote! Ses décrets ne s'arrêtèrent pas aux vêtements; ils s'en prirent au corps lui-même, dont ils réglèrent l'attitude, la démarche et les gestes. Il y eut alors des manières de parler comme des façons de se mettre; la fraîcheur du teint fut rigoureusement proscrite, et le lymphatisme proclamé de suprême bon ton A ce point de vue, l'*Incroyable* de M. Goupil est un pur chef-d'œuvre. Elle mérite assurément la pomme de l'extravagance. Mais ne vous semble-t-il pas qu'on a depuis quelque temps fort abusé du Directoire? Faudra-t-il que la Fille de Mᵐᵉ Angot soit la figure dominante du dernier quart de notre siècle?...

Ce ne sont pas du moins les œuvres de M. JAMES BERTRAND qui feront date; car voilà plus de dix ans que ce peintre accommode à tous les ragoûts une pauvre enfant malheureuse empruntée au répertoire mélodramatique d'Anicet Bourgeois ou de Dennery. Cette année elle s'appelle *Lesbie* et s'attendrit avec des larmes sur le cadavre de son pierrot. Elle pourrait au besoin chanter « *O ma tendre musette* » dans les *Deux Orphelines*. Elle y obtiendrait un grand succès de quatrièmes loges.

L'*Esclave* de Mᵐᵉ LAURE DE CHATILLON est bien faite aussi pour toucher les âmes sensibles. Rien ne manque à sa mise en scène. Elle a un costume de circonstance, de *longs voiles de deuil* qui flottent autour de sa tête, une chaîne qui l'attache au poteau, des *fers* qui chargent ses mains blanches, en un mot tout ce qu'il aurait fallu pour faire décrocher son *luth* à M. de Chateaubriand.

Quant à M. CHAPLIN, sa peinture lumineuse, sa fraîcheur de coloris, les tons nacrés qu'il donne à ses chairs, la touche preste et hardie de son pinceau toujours jeune, flattent notre œil agréablement. Seulement j'aime à croire que le sensualisme de notre moderne Boucher ne dépassera pas la limite où il s'est arrêté cette année. Aller plus loin serait abuser de sa situation et nous induire en concupiscence.

Dans la galerie des figures de composition, le sexe fort est moins bien représenté. Ici, vous voyez un *Roi Mage* qui a l'air d'un laquais nègre portant un message d'amour, et qui sourit avec la malice particulière aux naturels de Tombouctou; là, c'est un *Pétrarque*, sous les traits d'un séminariste en promenade avec son bréviaire à la main. Ailleurs nous remarquons un *Turc* ivre de cidre plutôt que de hachisch, si nous en croyons la trogne vermeille de sa bonne face normande; puis un guerrier franc ou saxon — je ne sais trop lequel — qui flâne sur un promontoire avec les poses extatiques d'un rimeur lamartinien. Le livret vous dira le nom des artistes; voici toujours les numéros : 1492, 657, 1455, 682. Mais c'est avec l'urbanité la plus cosmopolite que nous appellerons votre attention sur une fort belle tête de *Juif* exposée par M. POLENOFF, élève de l'Académie de Saint-Pétersbourg. On souhaiterait à beaucoup de grands tableaux la moitié du talent qu'il y a dans cette petite toile. Faisons aussi nos plus sincères compliments à Mˡˡᵉ TOMPKINS, une Américaine, pour sa très-spirituelle peinture intitulée : *Un début artistique*. Félicitons-la doublement, si elle débute elle-même dans la carrière des beaux-arts.

Les babys ont toujours fourni à nos peintres de charmantes inspirations. C'est que leur âge est si gracieux, leurs actes si naturels, leur petite âme si transparente! On lit en eux comme dans un livre. Aussi, point d'équivoque, ni pour l'artiste, ni pour le public. Tandis que la *Cortigiana* arrête au passage le petit groupe des dilettante, la foule s'amasse devant le baby de M. MULLER; tout le monde comprend et l'on voit le même sourire éclairer tous les visages. Il est d'ailleurs si bien pris sur le fait, le petit bonhomme! *Un instant seul :* on l'a laissé un instant seul, et il en profite, étant rassasié, pour introduire gravement dans sa « belle montre en or » une cuillerée de bouillie. Cet autre, non moins irrésistible, que M. LOBRICHON appelle avec beaucoup d'esprit *Volontaire d'un an*, s'est meurtri les menottes à la platine de son fusil en bois. Il fait cette moue silencieuse qu'ont les enfants lorsqu'ils se blessent eux-mêmes et qu'ils se sentent seuls. Quelqu'un serait auprès de lui : il pousserait des cris à fendre l'âme. Ces deux peintures nous semblent beaucoup plus vivantes que celle de M. BRION, quelque habileté, quelque « faire » qui distinguent *le jour du Baptême*. On y admire des étoffes merveilleusement rendues, nous en convenons; il faut aussi reconnaître que les mains sont charmantes; mais ce petit chrétien louche désagréablement, et puis le tableau manque d'intérêt, parce que la composition manque d'esprit. On constate que ce bambin est empaqueté de langes très-somptueux : rien de plus, et l'on passe.

Passons, nous aussi, en regrettant de ne pouvoir mentionner ici toutes les toiles de ce genre qui mériteraient de l'être, et arrivons aux portraits.

§ II. — LE PORTRAIT

Figures de femme : MM. CAROLUS DURAN, — BLANCHARD, — JOBBÉ-DUVAL, — JACQUEMART (Mˡˡᵉ NÉLAR), — DELAUNAY, — BONNAT, — MACHARD, — PIOT-NORMAND, — HÉBERT, — JULES LEFEBVRE.

Les portraits sont innombrables, comme chaque année, et, en général, très-satisfaisants. Certes, ce n'est pas pour décourager le grand art, auquel nous avons donné dans cette étude la plus large place, mais il faut convenir qu'à mesure qu'on s'en éloigne, les bons tableaux deviennent plus fréquents. Toutefois, nous examinerons plus rapidement les peintres de genre et surtout les portraitistes : les premiers, en raison du rang secondaire qu'ils tiennent dans l'art; les autres, à cause de l'embarras où se trouve le critique de leur dire tout ce qu'il en pense. Son blâme ou son éloge rejaillit nécessairement sur le modèle. En outre, on sait les exigences des personnes qui se font peindre et les cruelles difficultés qui en résultent pour l'artiste. Nous croyons donc devoir réduire, en ce qui touche le portrait, les proportions de notre examen et faire ici plutôt une énumération qu'une analyse, tout en essayant de caractériser, autant qu'il nous sera possible, le tempérament de chaque peintre.

Êtes-vous devenu millionnaire et tenez-vous à le prouver aux gens? Alors vous devez aimer la manière de M. CAROLUS DURAN. Il excelle à faire un portrait riche. Son luxe est écrasant comme celui du parvenu. Ses cadres ont le prix d'un carrosse; ses toiles sont tapageuses comme un cheval qui fait luire au soleil ses harnais neufs, piaffe des quatre fers et nous éclabousse. — Mais vous, amateurs d'un luxe plus sévère et de meilleur ton, je suis bien sûr que vous lui préférez de beaucoup la touche aristocratique et fine de M. BLANCHARD. Pour apprécier mieux encore la noblesse de son pinceau, il faut regarder les toiles de M. JOBBÉ-DUVAL. — Mᵐᵉ JACQUEMART, malgré son talent réel, qui néanmoins se laisse chaque jour distancer par les nouveaux venus, a dans sa brosse une vigueur un peu brutale qui convient mieux aux portraits d'hommes qu'à ceux de femmes. — M. DELAUNAY paraît épris des figures à *type*. Il saisit à merveille le caractère d'une physionomie et peint avec un grand style. Voyez, de lui, cette jeune femme qui tient un livre et une fleur et dont la tête expressive se découpe sur un ciel italien : ne dirait-on pas une toile des vieux maîtres? — Je conviens que ce genre serait mal choisi pour une plantureuse beauté, sans rien d'étrange ou d'archaïque, mais, au contraire, d'un caractère très-moderne, quelque chose comme

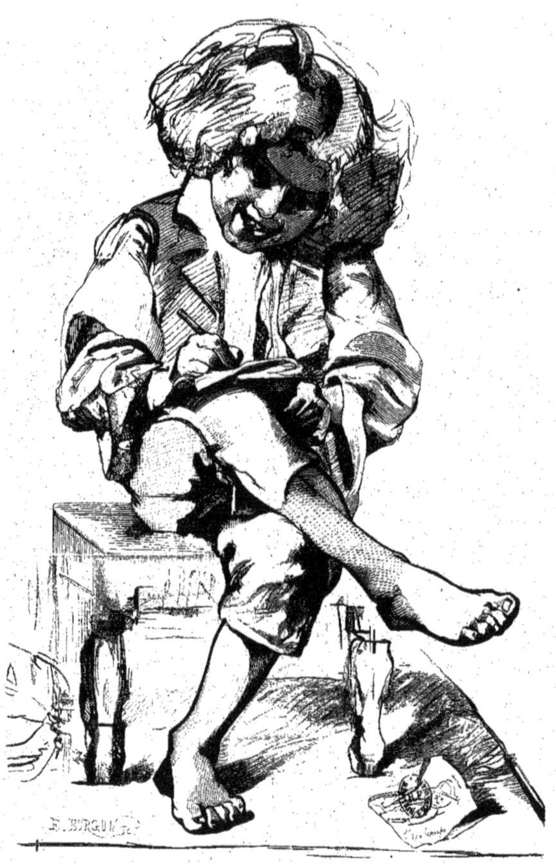

PARIS. — IMP. F. MARTINET

ENCRES TYP. DE CH. LORILLEUX.

UN DÉBUT ARTISTIQUE. — Esquisse du tableau de Mademoiselle C. TOMPKINS.

(Reproduit d'après la photographie de la Maison Bingham.)

un Rubens tempéré par M. Dubufe. Mais c'est là que triomphe M. Bonnat, le peintre hardi et robuste qui affronte la pleine lumière avec un bonheur sans pareil. Vous m'objecterez que le relief étonnant de ses portraits est dû en partie à sa manière de peindre les fonds? Je suis de votre avis ; pas plus que vous, je n'aime cette *sauce* bistre à laquelle il accommode toutes ses figures et qui porte désormais son nom. Ce procédé — car c'en est un — est peu sincère; il choque la vraisemblance. Au demeurant, quelle originalité de facture et — pardonnez-moi l'expression — quelle crânerie ! — M. Machard, bien qu'inférieur au précédent, est apte aussi à peindre les beautés opulentes, et M. Piot-Normand ne lui cède en rien, bien différents l'un et l'autre de M. Hébert.

Ce dernier s'efforcera-t-il jamais d'assainir sa peinture ? Oh ! les vilaines chairs de malades ! Quelles mauvaises couleurs (dans le sens pathologique du mot) il donne aux têtes de ses clients ! M. Lefebvre fait pis encore : il transforme les siens en créatures diaphanes, invisibles, impalpables, ou plutôt il les évoque d'outre-tombe pour en fixer les vagues linéaments sur des toiles glacées au cylindre.

—

Figures d'homme : MM. Chartran, — Henner, — Dubufe, — Ribot, — Feyen-Perrin, — Eugène Faure, — Bastien-Lepage, — Fantin-Latour.

Voilà pour ceux de nos peintres qui ont exposé des portraits de femme au salon actuel. Le portrait d'homme n'y est pas moins bien représenté.

Si j'étais jurisconsulte, je me ferais peindre par M. Chartran, un tout jeune homme, auteur du portrait de M. de R..., président à la Cour suprême. C'est Thémis en personne que ce portrait-là ! — En tous cas, la manière dont M. Henner a rendu la figure de Me Picard, le savant jurisconsulte, l'aimable causeur que tout Paris connait, me laisserait très-perplexe. M. Henner est apte à tout peindre. — Excepté un bourgeois, cependant! Cela, c'est le lot de M. Dubufe. A chacun son terrain. — A moins d'avoir une tête spectrale ou fatidique, je n'aimerais pas M. Ribot. *M. Van de Kerkove van den Broeck,* dont il expose le portrait, me glace d'effroi autant que la peinture de M. Feyen-Perrin m'inonde de tristesse. Singulier caractère du remarquable talent de M. Feyen-Perrin : il rend mélancolique tout ce qu'il touche. — Au contraire, les figures de M. Faure sont pétillantes d'esprit, de vivacité et de chaleur. Voyez la toile où il s'est représenté lui-même. Baudry n'eût pas fait mieux. Si cet artiste renonçait pendant quelque temps au portrait pour revenir au tableau (vous savez ce qu'il y sait faire), nous aurions un grand peintre de plus. M. Faure voudra-t-il rester un déserteur?... Il serait utile au grand art, tandis que dans le portrait il trouve non-seulement des égaux, mais encore des maîtres, témoin M. Bastien-Lepage, dont le portrait de M. H... serait digne de figurer à côté de celui de Bertin, par notre grand Ingres. Il n'y a peut-être rien au Salon, dans ce genre, qui soit supérieur à cette toile ; rien... si ce n'est le chef-d'œuvre exposé par M. Fantin-Latour, le premier de nos portraitistes.

---

§ III. — SCÈNES DE LA VIE RUSTIQUE

MM. Jules Breton, — Corot, — de Curzon, — Billet, — Mauve, — Jundt, — Beaudouin, — Eugène Feyen.

Après la poésie capiteuse des Romantiques, après le mirage bruyant des coloristes à outrance, il s'est trouvé dans notre France féconde un peintre qui a su égaler les plus illustres de cette pléiade par la seule compréhension de la vie austère des champs. Son génie fut enflammé par le spectacle de l'homme courbé sur la terre, creusant le sillon, maniant les lourds outils de fer. Il nous montra l'une après l'autre toutes les phases du servage qui enchaîne le colon au sol nourricier. Millet, pour qui la postérité commence, aura laissé plus d'admirateurs que d'élèves, et il sera certainement l'un des maîtres les moins imités. Son art sévère et simple ne prête point à la contrefaçon ; ses œuvres ont quelque chose de farouche comme le paysan lui-même, et semblent vous dire : Ne me touchez pas !

Mais c'est peut-être à son influence que nous devons le retour de la peinture aux scènes de la vie rustique. Depuis quelque temps nos artistes font de louables efforts dans cette voie nouvelle; et cette année, tout spécialement, comme pour nous dédommager de la perte du grand Millet, M. Jules Breton nous a donné un vrai chef-d'œuvre.

Nous ne décrirons pas la *Saint-Jean,* laissant à l'auteur lui-même, peintre et poëte à la fois, le soin de le faire :

> Tandis que dorment les faucilles
> Aux hangars, vers la fin du jour,
> Autour des feux, les jeunes filles
> Dansent en rond au carrefour.
>
> Dans le crépuscule que dore
> Un dernier rayon incertain,
> Sur l'horizon où vibre encore
> La brume chaude du matin.
>
> On voit leurs silhouettes sombres,
> Que baigne un reflet azuré,
> Dans le mystère exquis des ombres
> Décrire leur pas mesuré.
>
> Et le mouchoir qui se soulève
> Au vent du joyeux tourbillon,
> Sur leur épaule bat sans trêve,
> Comme une aile de papillon....

Nous regrettons de ne pouvoir citer le reste; mais, croyez-nous, lisez le livre de M. Breton. Vous y retrouverez ce frais arome de poésie qu'on emporte de son tableau et qui vous suit longtemps.

Dans la peinture, qui parle aux yeux du corps avant d'arriver aux yeux de l'esprit, on ne saurait se contenter d'un à-peu-près vague, indéfini, à peine saisissable, exigeant des efforts d'imagination pour suppléer à l'absence d'une forme. Tout ce qui est possible à la poésie ne l'est peut-être pas à la peinture. Pour si bien que le peintre saisisse les masses colorantes des objets et l'apparence générale des êtres, sans le contour qui fixe la couleur et qui précise le mouvement, il est impuissant à exprimer la vie. M. Breton le sait bien, lui; mais Corot pensa le contraire, tout grand artiste qu'il fut, et crut pouvoir se dispenser de donner aux choses de la nature leur apparence *réelle.* Il fut le chef de cette école d'*impressionalisme* qui, d'impressions en impressions, finira par ouvrir à l'art des perspectives effroyables, devant lesquelles celui-ci rebroussera chemin. Certes nous ne contestons pas que, l'imagination aidant et en se plaçant à distance, il ne se dégage des toiles de Corot un charme qui fait illusion. Mais de combien nous préférons à ce vague mirage la poétique réalité des feux de la Saint-Jean ! Au demeurant, un tableau à l'état d'ébauche n'aura jamais à nos yeux plus de valeur qu'un bloc de marbre dégrossi.

On prête à Corot ces paroles : « Les oiseaux peuvent traverser mes arbres sans se casser les ailes. » D'accord ; mais y trouvent-ils du moins une branche pour se poser ?...

Il va sans dire que nous ne ferons pas un grief à la mémoire du célèbre paysagiste des prétendues inspirations qu'il cherchait dans l'antiquité. M. de Curzon en trouve de plus sincères dans la Bible. Voyez plutôt son remarquable *Triptyque,* si chaudement peint, si purement dessiné, qui vous fait assister à l'une des plus belles scènes de la vie patriarcale. C'est la touchante aventure de Ruth et de Booz. On regrette l'exiguïté relative des figures et leur éparpillement un peu confus dans la partie principale de ce tableau ; mais les deux ailes du triptyque sont parfaites. Quels lointains purs et profonds ! Comme les collines bleues y découpent finement leurs arêtes ! Que ces temples blancs et massifs sont augustes dans ce crépuscule ! Lire devant la toile de M. de Curzon le *Booz endormi* de la *Légende des Siècles,* ce serait pour l'esprit un régal auquel je ne sais rien de comparable.

Mais la vie rustique n'est exclusivement enviable que dans la Bible et dans Virgile. *En hiver* de M. BILLET et *Un beau soleil* de M. MAUVÉ nous rappellent, hélas! que, sous la chaude caresse du soleil ou sous l'âpre morsure de la bise, dure est la condition du labeur sans trêve, misérable l'existence obtenue à ce prix! En hiver, c'est la jeune fille, la robuste et courageuse villageoise, qui rapporte les lourds fagots taillés en dépit de l'onglée dans le bois plein de givre; et par ces beaux rayons d'une matinée printanière, c'est le vieillard, bonhomme pensif, escortant sa charrette avec cette lenteur vaillante des paysans qui lasse la fatigue.

Et ce n'est pas tout que de donner sa sueur à la terre; le monde est encore là, il faut lui payer son tribut. Il y a dans les villes de belles élégantes dont les charmes, pour être complets, ont besoin de votre secours, filles des champs! M. JUNDT, dans une peinture fort animée, nous fait assister à *La vente des cheveux en Auvergne.* Riches toisons d'ébène ou d'or, avec quelle insouciance on vous abandonne! Si sa couleur était moins terne, on s'arrêterait longtemps devant ce tableau d'où résulte un piquant mélange de prosaïsme et de poésie.

Mais voici les heures bénies car toute existence a les siennes — voici la récolte! — Voici les *Vendanges!* — Cette besogne, du moins, est joyeuse; on se sent, à la faire, le bras moins lourd, le cœur aussi. Il faut voir cette fête dans les plantureux vignobles du Bas-Languedoc! Le cep croule sous le poids des grappes violettes. Chaque raisin donnera une pinte, chaque pied un petit muid! Hommes, femmes, enfants, tout travaille. C'est la tâche universelle, car c'est le bien-être de tous. Mais, mieux que notre plume, le pinceau vigoureux et original de M. BEAUDOUIN vous a déjà tracé tout ce poème.

Au pays des pommes à cidre — où Bacchus est néanmoins fort en honneur — on a les grands foirails ensoleillés et fourmillant de peuple. Mais il faut la touche délicate de M. EUGÈNE FEYEN pour peindre sans confusion cette petite foule de trafiquants affairés qui grouille, se presse et se bouscule sur le *Marché du Mont-Dol-de-Bretagne.* Ce tableautin est un des plus spirituellement faits du Salon.

§ IV. — SCÈNES DE LA VIE MARITIME

MM. POIRSON, — COGEY, — BUTIN, — KARL DAUBIGNY.

La mer est âpre à qui la travaille; elle a d'effroyables caresses pour qui fouille son sein virginal. L'habitant des côtes sent bien qu'il appartient à l'abîme, son ennemi nécessaire; il sait que son existence est une longue aventure. De là sans doute cette mélancolie dont il est toujours pénétré, sorte de résignation anticipée aux catastrophes qui le menacent.

On dit : profond comme la mer. On pourrait dire : triste comme elle. Ce sentiment se retrouve dans la plupart des tableaux de notre Salon qui ont trait à la vie maritime.

Sur les quatre jeunes peintres dont les œuvres en ce genre ont été remarquées, M. KARL DAUBIGNY se trouvait déjà exempt. Les trois autres le seront désormais, ayant obtenu chacun une médaille, à la grande satisfaction du public. M. Poirson est du nombre. Ses *Moulières de Villerville* ont quelque chose de poignant dans leur réalité. Malheureusement, le paysage maritime est bien loin de valoir les figures; aussi préférons-nous à ce tableau *Les pêcheurs de crevettes*, par M. COGEY, composition d'un effet saisissant, original et dramatique. Ils sont dans l'eau jusqu'à mi-corps, portant sur l'épaule leurs filets emmanchés d'une longue perche, sur le dos leurs grands paniers d'osier où grouille la marée vivante. Chassés par le gros temps qui s'est levé tout à coup, ils se hâtent vers la côte dont le rivage se recule, envahi par le flot qui monte. La poussée des lames accélère leur marche. Ils vont, silencieux et rapides, tandis qu'au loin, sous ce gros nuage qui va crever en trombe, des escadrons de vagues accourent éperdument.

Différente est la scène dans le tableau de M. BUTIN. Elle se passe sur la grève d'une petite anse de pêcheurs, la même où M. Poirson nous a montré ses moulières. Ici, c'est l'*Attente*, par les enfants et les femmes, des hommes qui sont partis pour la grande pêche. L'attente! Ah! nous ne comprenons pas, nous autres, tout ce que signifie ce mot. Eux seuls le savent, les pauvres gens de mer! Leur vie est faite de cette angoisse, ils en prennent la morne habitude. Aussi, regardez-les sur la plage de Villerville : il n'y a dans leur attitude rien de fébrile ni de nerveux, plutôt une sorte de rêverie qui se mêle à leur anxiété. Ils interrogent douloureusement l'horizon, à peine éclairci, où tout le jour on a vu s'amonceler la tempête. Le vent qui souffle du large semble vouloir les repousser comme on fait des accusateurs ou des témoins importuns. — Cette toile est fort bien peinte et dans une gamme de tons harmonieuse.

Nous aurons l'occasion de parler avec plus d'éloges de M. KARL DAUBIGNY à propos d'un paysage infiniment supérieur à son *Embarquement des huîtres, à Cancale.* Dans ce dernier tableau, qui n'est pas toutefois sans mérite, le jeune maître abuse un peu des teintes sombres. Il va même jusqu'à les pousser au noir, ce qui est aussi déplaisant sur la toile qu'inexact en réalité.

§ V. — SCÈNES DE LA VIE MILITAIRE

MM. DETAILLE, — PROTAIS, — BERNE-BELLECOUR, — REGAMEY, — LE ROUX, — MAIGNAN, — ARMAND-DUMARESCQ, — PHILIPPOTEAUX.

Maintenant, sonnez, clairons! battez, tambours! Enfants, aux fenêtres : voilà le *Régiment qui passe.....* C'est bien. Mais, — de vous à moi, lecteur, — pendant que les enfants s'amusent, grâce à la complaisance paternelle de M. DETAILLE, si nous faisions comme le régiment, qu'en dites-vous? C'est entendu, passons, et arrêtons-nous de préférence devant les soldats de M. PROTAIS.

On a essayé de porter ombrage au sérieux talent de cet artiste en lui opposant l'habileté d'exécution de ceux qui sont venus après lui. Il est possible que ces derniers peignent avec un soin plus minutieux le petit côté de leur ouvrage, qualité négative que le travail rend accessible à la médiocrité laborieuse et que le goût du jour encourage. Mais tout porte à croire que ces réputations hâtives seront éphémères. M. Protais leur survivra, n'aurait-il fait d'ailleurs que les deux chefs-d'œuvre du genre si connus sous le nom d'*Avant* et *Après l'attaque.* Car ce peintre aime et connaît son héros en pantalon rouge. Il nous le montre sous un jour pathétique. Lui seul a su mêler au réalisme de la vie militaire ce parfum de poésie qui ne gâte jamais rien. Sans doute les toiles qu'il expose cette année ne sont pas comparables aux deux compositions populaires dont nous avons parlé plus haut; mais il ne tient qu'à M. Protais de n'en pas laisser perdre le souvenir. Du jour où il voudra, il saura ramener à lui les oublieux et gagner les réfractaires. Noblesse oblige; le sympathique artiste n'a pas le droit de s'endormir sur ses lauriers.

On ne trouve, chez les peintres militaires aujourd'hui en vogue, ni la variété de M. Protais, ni surtout le sentiment élevé qui anime la plupart de ses compositions. On finira par se lasser des scènes de carnage qu'expose M. de Neuville, et le bon goût fera justice, un jour ou l'autre, de l'insignifiante peinture de M. BERNE-BELLECOUR. Connaissez-vous rien de plus agaçant que les *Tirailleurs de la Malmaison*, si ce n'est *la Brèche*, du même auteur? Ces niaiseries-là n'auront qu'un temps, soyez-en certains, car elles sont la négation même de la pensée et tout le contraire de l'esprit. Si encore, à défaut d'imagination, M. Berne-Bellecour exécutait aussi parfaitement que M. Firmin Girard, on applaudirait à ses tours de force. Mais ce peintre est encore bien loin de la perfection de son collègue. Il y a dans ses *Tirailleurs* de lourdes bévues comme construction et comme dessin. Sans l'intérêt photographique des portraits qu'on y trouve, ce tableau serait peut-être inférieur à *la Brèche.* Il est pourtant difficile d'imaginer rien de plus pauvre.

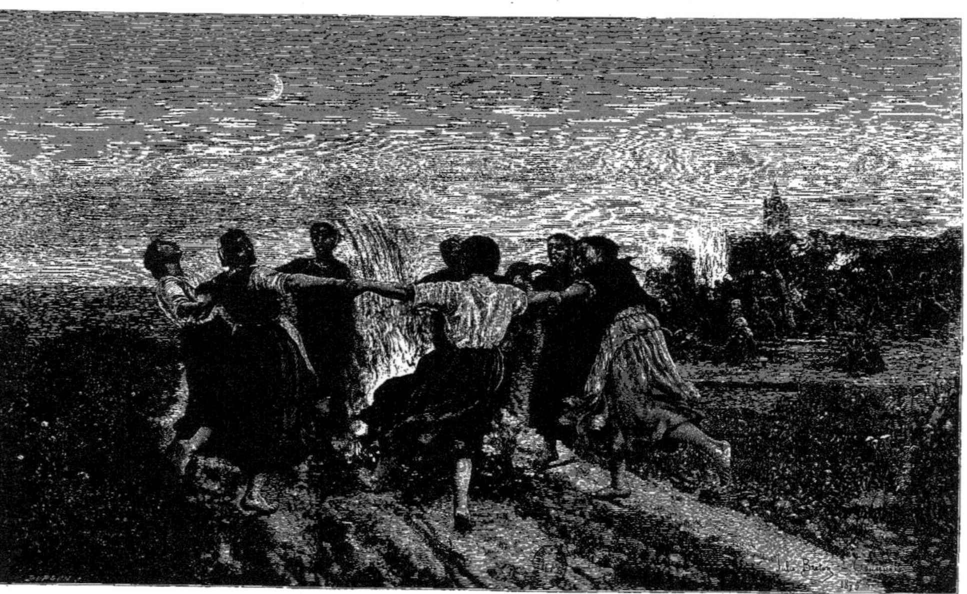

PARIS. — IMP. E. MARTINET.

GRAVÉ TYP. DE CH. LORILLEUX.

LA SAINT-JEAN. — Tableau de M. JULES BRETON.

(Reproduit avec l'autorisation de MM. Goupil et C°, seuls propriétaires du droit de reproduction.)

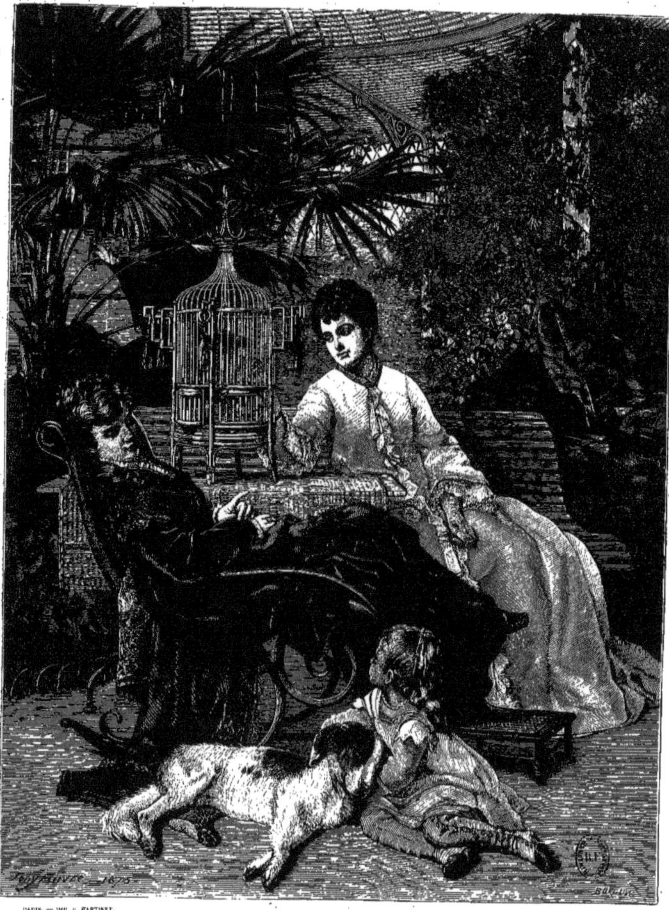

PARIS. — IMP. H. MARTINET.

GRAVÉ TYP. DE CH. LORILLEUX.

UN CHEZ SOI. — Tableau de M. Tony Faivre.

(D'après la photographie de MM. Goupil et Cⁱᵉ, seuls propriétaires du droit de reproduction).

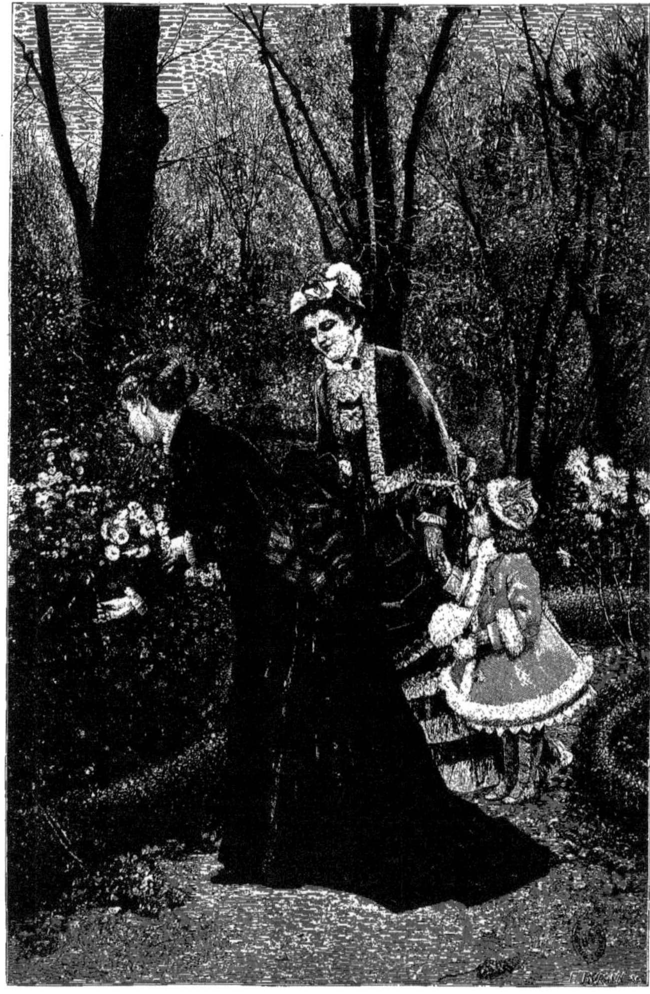

LE JARDIN DE LA MARRAINE. — Tableau de M. Firmin Girard.

(D'après la photographie de la Maison Goupil et Cie, seuls propriétaires du droit de reproduction.)

On regrette doublement, après cela, que REGAMEY soit mort. Regamey, du moins, était un vrai peintre. Ses *Cuirassiers au cabaret* ont beaucoup de valeur et font songer à ce que pourrait faire Terburg si, après ses reîtres, il revenait parmi nous peindre nos troupiers.

En revanche, M. LE ROUX, médaillé pour son *Ambulance privée pendant le siége de Paris*, ne rappelle aucunement les vieux styles. Sa peinture est moderne au delà de toute expression. François Coppée, l'habile ciseleur, trouverait dans cette scène bourgeoise de quoi faire un de ces poëmes où vibrent si délicatement les émotions de la vie réelle. Quels charmants hémistiches lui inspireraient cette mère supérieure qui joue une partie de dames avec un soldat convalescent, et ces douces filles qui soignent héroïquement nos héros blessés, et cette pendule sonnant les heures où d'autres frères tombent, et tout ce calme intérieur où le dévouement répare avec patience le mal si vite fait par la guerre aveugle !

D'aucuns restent fidèles, néanmoins, à la couleur du temps jadis. La vie militaire au moyen âge ou au XVIᵉ siècle leur paraît plus séduisante que le métier des armes tel qu'il est devenu grâce à la civilisation. Edith au cou de cygne les inspire infiniment plus que la sœur de charité. C'est là sans doute un travers qui fut de mode il y a quarante ans et, depuis, tend à disparaître. Mais, comme nous sommes avant tout sincères, nous avouerons que ce travers est un peu le nôtre, et s'il se trouve parmi vous, lecteurs, quelques esprits rétrospectifs, nous regarderons ensemble un épisode de la croisade des Albigeois, exposé par M. Albert MAIGNAN sous ce titre : l'*Insulte aux prisonniers*. Nous aurons plaisir à voir ces grandes dames en robes de madone errer sur le champ de bataille, parmi les captifs que leurs maris ont faits, et surtout cet évêque guerrier qui a sur son palefroi une si fière mine ! Cependant le paysage laisse fort à désirer. Par une trop grande recherche de l'archaïsme, le peintre s'est laissé aller à faire de la décoration théâtrale.

M. ARMAND-DUMARESCQ, lui, s'égare dans la chromolithographie. Ébloui par les costumes chatoyants des soldats Pompadour, il n'a pas pris garde que la préoccupation puérile de peindre des étoffes l'empêcherait de faire une toile à la hauteur de son sujet.

Terminons la nomenclature des tableaux militaires par celui de M. PHILIPPOTEAUX, de sa profession peintre d'histoire. *Le lendemain de la bataille d'Ivry* ne vaut ni plus ni moins que tout ce qui est sorti déjà de la brosse officielle de cet artiste. On y sent une longue pratique des ruses du métier..

§ VI. — SCÈNES DE LA VIE MONASTIQUE

MM. BONVIN, — SELLIER, — HERLIN, — OLIVIÉ.

Or çà, comme beaucoup de ces batailleurs chers à M. Maignan, déposons lance et haubert et entrons au cloître.

Je soupçonne ce frère liquoriste qui distille son cordial dans l'*Alambic* de M. BONVIN d'avoir été, avant d'endosser le froc, un rude chevaucheur par la plaine et par la montagne. Le dernier fossé qu'il a franchi l'a jeté au couvent. Maintenant quelle paix profonde ! On voudrait y vivre, à côté du *padre* qui confectionne de si bonne liqueur et qui doit avoir à conter mainte histoire non moins savoureuse. — M. Bonvin a exposé un autre tableau dont le sujet n'offre, sans doute, aucune espèce d'intérêt. Mais on n'y retrouve pas moins, peut-être même à un plus haut degré, les qualités de cet artiste, dont la peinture sobre, chaude et colorée, rappelle à s'y méprendre celle des Flamands. On voit d'ailleurs que M. Bonvin s'en inspire. Ces maîtres lui ont appris à faire un tableau dans un petit cadre, chose inconnue à l'école de la photographie à l'huile.

Citons, pour mémoire, *le Retour du frère quêteur*, par M. SELLIER ; *la Vision un vendredi-saint, chez les Dominicains*, par M. HERLIN ; *le Frère Barbier*, par M. OLIVIÉ, et constatons que la peinture monacale n'a pas encore retrouvé un Granet ou un Lesueur.

§ VII. — SCÈNES DE LA VIE INTIME

MM. BEYLE, — FIRMIN-GIRARD, — LOUIS LELOIR, — CASTIGLIONE, — COMPTE-CALIX, — HENNES.

Le foyer, la famille, la vie ordinaire, conviennent mieux à nos petites vertus et au talent de nos petits peintres. Parmi ces derniers, cependant, il s'en trouve dont le savoir-faire est si merveilleux que nous sentons, devant leurs toiles, s'évanouir toutes nos rancunes. Tel M. BEYLE, auteur d'un tableautin charmant, bien préférable à son *Bayard*, nous en convenons à regret. Imaginez-vous une jeune femme accoudée sur une console qui porte le buste de Rabelais. La pénitente, — car ceci est une *Confession*, — parle bas à l'oreille de maître Alcofribas, médecin et curé, comme chacun sait. On se doute bien de ce qu'elle peut lui dire. Le buste semble écouter. Il est grave. — M. Beyle n'aurait-il pas dû, au contraire, faire sourire le confesseur et laisser voir d'avance que celui-ci donnera l'absolution ?

Plus habile encore est le *faire* de M. FIRMIN GIRARD. Ce peintre serait-il de ceux que Fortuny empêchait de dormir ? On le croirait à voir la façon dont il traite les feuillages et les fleurs. A vrai dire, celles-ci paraissent provenir d'une vitrine de modiste plutôt que d'un parterre ; mais les étoffes sont d'une perfection de *rendu* qui dépasse tout ce qu'on avait fait en ce genre jusqu'à présent. M. Firmin Girard est plus qu'un habile peintre : c'est un homme de goût. Mais qu'il prenne garde, lui aussi, de tomber dans l'insignifiance ! Ses *Premières caresses* et son *Jardin de la marraine* touchent en quelque sorte la limite au delà de laquelle on rencontre M. DE JONGHE et autres continuateurs de Toulmouche. Il serait regrettable de voir s'égarer dans ces parages le talent de M. Firmin Girard qui, nous en sommes persuadé, peut prétendre à plus haut destin.

M. LOUIS LELOIR, qu'un homme d'esprit appelait devant nous le plus grand des petits peintres, voudra, lui aussi, un jour ou l'autre, nous montrer ce dont il est capable dans un genre plus élevé. Constatons, en attendant, que l'originalité de cet artiste continue à s'accentuer et qu'il s'est fait une place à part entre les peintres de son école. Sa touche est plus vive et plus spirituelle que jamais ; sa peinture grasse et fraîche réjouit l'œil ; il y a des corps sous les satins lustrés qu'il chiffonne avec tant de grâce ; il y a des formes sous les velours et les moires qu'il drape avec tant de brio. On retrouve dans la *Fête du grand' père* cette pétulance qui caractérise les compositions du jeune maître. Ses personnages parlent, causent, bruissent, s'agitent et papillonnent comme des courtisans dans une antichambre. On entend leur coquet murmure ; on distingue ce que dit chacun d'eux au milieu du tumulte élégant de leur bonne compagnie. Peut-être M. Leloir sacrifie-t-il trop encore au détail ? Il faut attribuer à cette cause, plutôt qu'à la pleine lumière où il a voulu peindre tout son tableau, le manque de perspective et d'air qu'on remarque dans le groupe central. Ce reproche, d'ailleurs, s'adresse moins à M. Leloir qu'à l'école dont il a su prendre toutes les qualités sans presque en garder les défauts.

Du point élevé où le critique se place pour juger M. Leloir, il faut beaucoup descendre pour arriver à M. CASTIGLIONE. Néanmoins, l'intérêt historique du *Château de Paddon-Hall envahi par les soldats de Cromwell* rachète jusqu'à un certain point la couleur et le dessin de vignettes si particuliers à ce peintre.

Nommer M. COMPTE-CALIX, c'est descendre encore de plusieurs degrés dans l'échelle de l'art. Le gros public (surtout l'élément féminin) ne partagera pas notre avis ; nous le savons, l'ayant vu se pâmer d'aise devant l'antithèse ingénieuse de *Bonsoir, voisin !* Car cette année M. Compte-Calix a voulu relever par un grain de sel gaulois le ragoût écœurant de ses berquinades. L'intention est manifeste. Mais y pensez-vous, Monsieur Compte-Calix? Déjà les titres seuls de vos deux autres tableaux, *Où diable vont-ils?* et *Un petit chemin qui mène loin*, donnent à rêver aux jeunes filles; votre nocturne à quatre voix achèvera de leur tourner la tête.

A toutes ces peintures d'éventail, fausses et musquées, ne préférez-vous pas cent fois l'intérieur flamand où M. Henkes nous montre une *Maîtresse de tricot* entourée d'une douzaine de petites filles bien attentives à leur travail et bien disposées à devenir plus tard d'excellentes ménagères?

§ VIII. — SCÈNES DE LA VIE PITTORESQUE

MM. Carolus Duran, — de Beaumont, — Ribot, — Munkacsy, — Édouard Steinheil, — Simon Durand, — Denneulin, — Noel, — Pille, — Lhermitte, — Pabst, — Lix, — Ferrandiz, — Worms, — Sautai, — Pascutti.

Choisissons maintenant, parmi les différents tableaux de mœurs, sans avoir égard au temps ou au lieu, quelques peintures à sensation.

Il serait d'ailleurs difficile de préciser où et à quelle époque M. Carolus Duran a voulu placer l'étrange scène de villégiature qu'il intitule *Fin d'été*. D'une part on se croit à Lesbos; d'autre part le paysage fait penser à Trianon. Ce qui nous semble incontestable, c'est qu'on se trouve dans ce tableau en fort mauvaise compagnie. Eh quoi! mettre tant de talent au service d'une pareille élucubration!... Nous avons déjà parlé de la peinture insignifiante: mais ceci est pis encore! C'est l'extravagance érigée en système, c'est le débordement de la fantaisie dans le réalisme niais! Nous ne ferons pas à l'auteur l'injure de croire qu'une pensée bien arrêtée ait présidé à la composition de son tableau. L'impuissance où il a été de lui trouver un titre raisonnable le prouverait à elle seule. Sa brosse est allée à l'aventure et le hasard aura tout fait.

M. de Beaumont, lui, n'a pas d'excuse. Son intention est si réelle qu'il a tenu à la souligner par un jeu de mots scandaleux, dans la crainte qu'elle n'échappât au public. Pour ceux qui n'ont pas vu cette indécente charade, en voici la mise en scène : Arthur et Nichette ont déjeuné de friture dans un cabaret de la banlieue; puis ils ont franchi les grilles d'un parc où se trouve, on ne sait comment, au milieu d'une pelouse d'un vert *caisse d'oranger*, le cénotaphe gothique de Philippe Pot. Après avoir placé sur les pieds de marbre du vieux sénéchal le bonnet fleuri que les moulins lui ont restitué, Nichette, nullement effrayée par les engoules des cariatides monacales, s'est étendue au pied du monument, et, la joue en feu, l'œil encore humide, avec une désinvolture digne des cabinets particuliers, elle *grille* une cigarette au soleil. A sa gauche est assis Arthur, son ouvrage. Arthur dort d'un sommeil profond. Sur l'écusson qui lui sert d'oreiller, sa situation physiologique se trouve exprimée en trois mots par une devise à double sens. L'antithèse est frappante, soit; mais sans aucune portée ni dans l'art ni dans la morale, si toutefois M. de Beaumont a cru faire de l'art ou a eu la prétention de nous moraliser. Nous demandons pardon à nos lecteurs de leur rappeler, à propos de cette pochade impertinente, le souvenir d'un des tableaux qui font le plus d'honneur à la peinture française; mais nous pensons qu'ils saisiront mieux le sens de notre critique en se reportant au chef-d'œuvre de Couture, *les Romains de la décadence*. Là aussi on voit Giton insulter à Brutus, et Volumnie se couvrir la face devant Lalage. Mais toutes les figures y sont marquées d'un stigmate; on y entend, au milieu de l'orgie, siffler le fouet de Juvénal. Ici, au contraire, c'est le rire lubrique du marquis de Sade; le vieux tombeau semble approuver le sacrilège et s'y prêter complaisamment; les moines de pierre, sous leurs capuchons, *rigolent* avec la grisette de la mine piteuse du damoiseau. Quand le poète fait

Eviradnus et qu'il met, lui aussi, le présent dégénéré en face du passé austère, il tire de son parallèle le même effet artistique et le même enseignement qui résultent du tableau de Couture; tandis qu'il ne ressort d'ici qu'une provocation au rire et à l'irrévérence des choses graves. En un mot, cette œuvre est malsaine, et si nous avons cru devoir tant insister à son sujet, c'est qu'elle montre plus que toute autre dans quelle voie s'égare la peinture d'aujourd'hui.

La recherche de l'étrangeté est un indice d'impuissance. Aussi doit-on s'étonner de voir un peintre de tempérament, M. Ribot, perdre chaque jour de plus en plus les notions de la juste mesure et s'éloigner des règles du bon goût. Non, mille fois non, le *Cabaret normand* et tout ce qui lui ressemble n'est pas de la peinture. Il est aussi impossible de faire un tableau avec deux couleurs qu'une symphonie avec deux notes. Chez M. Munkacsy, c'est pis encore. Au lieu de deux couleurs, lui, il n'en a qu'une : le noir. On dirait que cet artiste peint ses toiles en décembre, par un temps pluvieux, après le coucher du soleil. Leur aspect vous emplit de tristesse. Cela est d'autant plus regrettable que M. Munkacsy sait donner aux figures beaucoup d'expression et de caractère. On retrouve dans le *Héros de Village* toutes ses grandes qualités d'observateur. Mais, encore une fois, pourquoi *noircir* autant qu'il le fait la pauvre espèce humaine?...

Certes, l'épisode que M. Édouard Steinheil emprunte aux mœurs du XVe siècle comporte un entourage bien sombre. Tous ses personnages, pourtant, se détachent avec netteté dans le clair-obscur de la toile. C'est de l'Holbein tout pur que ce tableau-là. Admirez la finesse et le modelé vigoureux de la tête du greffier! Les amateurs de couleur locale ont été servis à souhait par M. Steinheil. Il est vrai qu'il fallait tout le talent du jeune peintre pour nous intéresser à l'horrible scène qui a nom l'*Interrogatoire*.

Pour nous dédommager de ce lugubre spectacle, jetons un coup d'œil sur deux fantaisies très-humouristiques signées Simon Durand. L'une s'appelle *Un mariage à la mairie*. Le livret ajoute que *l'époux se fait attendre*. Il faut voir le dépit de la belle-mère, l'envie de rire mal dissimulée des assistants, l'air goguenard du garçon de mairie, la parfaite indifférence de l'officier d'état civil et surtout la mine déconfite de la fiancée! — L'autre a nom *Un bout de conduite* Figurez-vous une bande d'affreux vauriens, accoutrés de guenilles pittoresques, emmenés à travers champs par la gendarmerie jusqu'à la ville voisine. Il y a parmi eux des femmes portant dans leurs bras des nourrisons difformes; on y remarque surtout une espèce de *gandin*, le faraud de la colonie, dont le profil est exhilarant. — *Triste recette*, tableau médaillé de M. Jules Denneulin, est conçu dans le même esprit à la fois observateur et caustique. Six virtuoses ambulants essayent d'attendrir les habitants peu dilettante d'un bourg où il est tombé de la neige. Mais en vain! Personne ne veut mettre le nez dehors par ce temps de loup. Les fenêtres demeurent closes. Rangés en cercle et se tournant le dos, pour ne pas se décourager du regard, ils soufflent avec ardeur, qui dans son cornet; qui dans son trombone. Le visage de celui qui fait face au spectateur contient tout un poème de philosophie. Cet orchestre serait-il allemand? L'insensibilité dont fait preuve la population porte à le croire.

Pour qui aime à étudier les mœurs en tous pays, le Salon vaut presque un voyage. M. Noel, M. Pille et M. Lhermitte nous transportent en pleine Bretagne. Le premier s'est fait une spécialité de peindre cette contrée pittoresque. Sa manière est peut-être un peu confuse et papillotante; mais pleine de verve et de l'entrain. — Le talent de M. Pille est plus sévère. Ce peintre excelle à saisir les types. A ce point de vue, son principal tableau, *La lecture du décret du 24 février 1793*, est particulièrement remarquable. On se demande seulement ce qui a pu inspirer à M. Pille sa double aversion pour la couleur et pour la perspective? — Ce défaut n'est point celui de M. Lhermitte, dont le *Pèlerinage à la Vierge-du-Pilier* mérite presque des éloges sans réserve. Peter Neefs aurait signé son église.

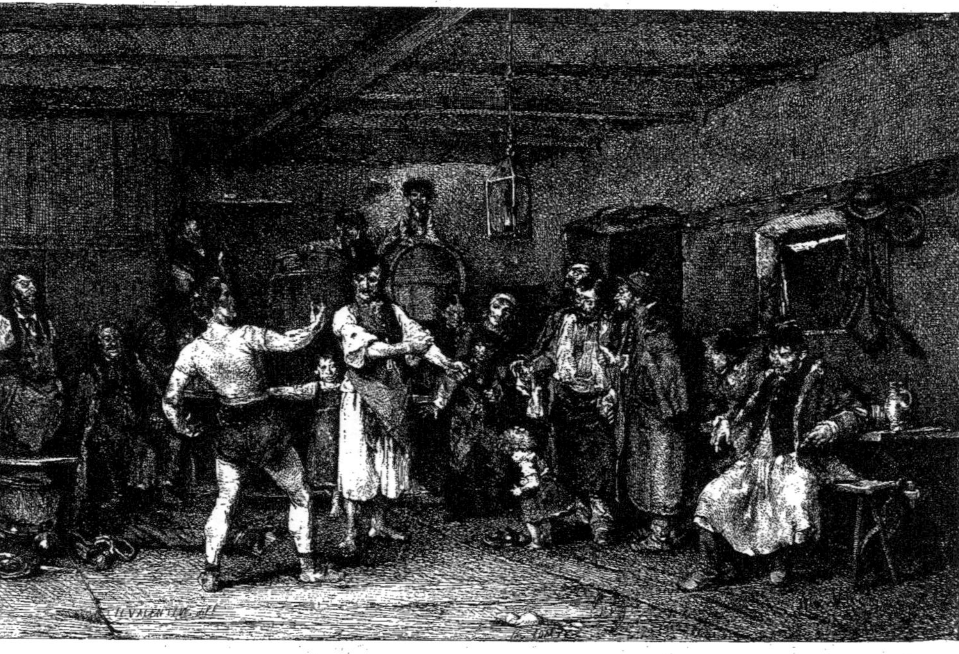

PARIS. — IMP. E. MARTINET

GRAVÉS TYP. DE CH. LORILLEUX

UN HÉROS DE VILLAGE. — Tableau de M. MUNKACSY.

(D'après la photographie de MM. Goupil et Cie, seuls propriétaires du droit de reproduction.)

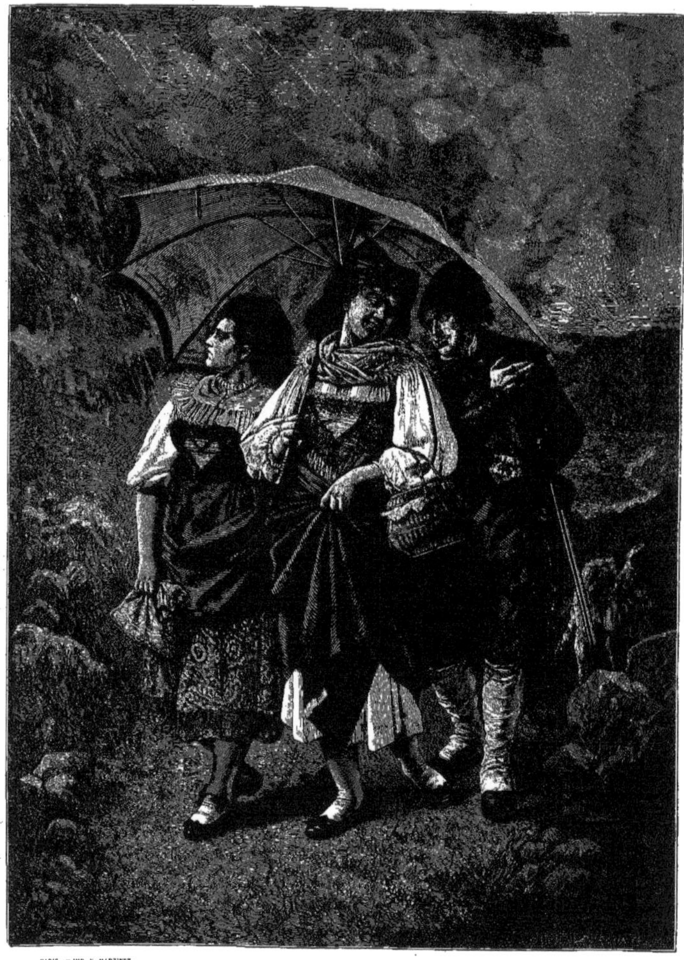

QUAND IL Y EN A POUR DEUX IL Y EN A POUR TROIS. — Tableau de M. F.-T. Lix.

(D'après la photographie de MM. Goupil et Cⁱᵉ, seuls propriétaires du droit de reproduction.)

Avec M. Pabst et M. Lix nous nous trouvons en Alsace. La *Mariée* de M. Pabst est fort touchante; l'idylle de grand chemin que M. Lix appelle *Quand il y en a pour deux il y en a pour trois* est fort gracieuse. Elle réhabilite le parapluie, cet objet très-ridicule et très-utile. Que de reconnaissance l'amour ne lui doit-il pas! Si Cupidon n'était pas ingrat, il porterait un parapluie en sautoir à côté de ses flèches.

M. Ferrandiz nous entraîne à Naples. Ce peintre emploie, il est vrai, des colorations plus que douteuses, mais on ne peut lui contester du mouvement et de l'esprit. C'est le *Départ pour la fête de Monte-Vergine*. Tout le monde s'y rend; les uns à pied, les autres en voiture, comme les gens de la noce. Plusieurs jeunes femmes, entassées sur l'avant-train d'un char-à-bancs, font signe à M. le curé de venir prendre place auprès d'elles. Il est vrai que le *parroco* est doué d'un magnifique embonpoint. N'importe! M. Lix vient de vous le dire : Quand il y en a pour deux il y en a pour trois. On se pressera et, pendant le chemin, il y aura de joyeux éclats de rire!

Au pays basque, vous rencontrerez M. Worms avec sa touche pétillante et sa chaude couleur. A Rome, M. Sautai vous fera voir, le long des murs, les silhouettes pittoresques des prêtres et des lazzarone. A Venise enfin, M. Pascutti, soufflant sur vos illusions, vous montrera sans la farder la cité des doges telle qu'elle est aujourd'hui. Hélas! point d'hommes en robes rouges; point de cortéges imposants; pas le moindre condottieri; pas même le plus infime sigisbeo! C'est *Le marché du Ponte-di-Rialto*. Des ménagères, vêtues comme chez nous, y font provision de choux-fleurs et de carrottes; des baraques parfaitement semblables à celles de la place du Trône encombrent les trottoirs de marbre; et au loin, collée à la muraille d'un palais patricien, une affiche que nous connaissons tous recommande aux enfants des lagunes la maison Singer, « spécialité de machines à coudre ».

§ IX. — L'ANTIQUITÉ

MM. Alma-Tadéma. — Gendron, — Dantan, — Motte, — Boulanger.

La connaissance de l'antiquité est une conquête de l'esprit moderne. En creusant le sol où gisaient les derniers vestiges des civilisations enfouies, érudits et savants ont reconstitué le vieux monde à force de patience, comme Christophe Colomb découvrit le nouveau à force de génie. Entre les Romains de Crébillon et ceux que l'on pourrait mettre à la scène aujourd'hui, si la tentative n'offrait pas tant de périls; entre l'Égypte de Marmontel et celle de Gautier; entre les Assyriens de Voltaire et ceux de Champollion-Figeac, il y a la découverte de Ninive, les fouilles de Thèbes et le déblaiement de Pompéi.

Les lettres, depuis bientôt cinquante ans, ont tiré de cette érudition un parti si considérable qu'il ne reste déjà plus aucun recoin inexploré dans l'antiquité historique, pas même Carthage, dévoilée par notre grand Flaubert. De son côté, M. Alma Tadéma a voulu faire dire à la peinture le dernier mot sur ces questions. Après lui, les artistes épris de couleur locale devront renoncer au genre qu'il a épuisé.

Cependant il nous semble que le nouveau tableau de M. Alma-Tadéma, *la Peinture*, ne vaut peut-être pas celui de l'année dernière. Les plans secondaires y ont trop de valeur. Le jour, tamisé par un ciel ouvert, a des tons de vieux parchemin. La composition manque d'air et paraîtrait mieux convenir à un bas-relief qu'à une toile. En revanche, dans le détail, l'artiste se montre à la hauteur de lui-même, et c'est tout dire.

A côté de ce maître, M. Gendron, avec son *Action de grâces à Esculape*, fait une triste figure; M. Dantan laisse voir bien des faiblesses dans le dessin de son *Jeu du disque*, et M. Motte, malgré la bonne volonté qu'on remarque dans son *Oracle de Delphes*, n'obtient pas même le succès de curiosité dont se contente l'auteur du *Songe de Kosrou*. Nous répéterons, à propos de M. Motte, ce que nous avons dit de M. Gustave Doré : la peinture ne se prête pas aux effets fantasmagoriques.

S'il n'était pas déjà trop tard pour M. Gustave Boulanger, nous l'engagerions, lui aussi, à chercher une autre voie. Sa peinture devient chaque jour plus pâle. *Le Gynécée* est encore inférieur à la *Voie Appia* qu'il avait exposée l'année dernière. Enfin, — et ce n'est pas là son moindre défaut, — il n'y a d'antique dans ses toiles que les accessoires; toutes les figures y ont le caractère moderne. — Si quelqu'un fait oublier Hamon, ce ne sera pas M. Boulanger.

§ X. — L'ORIENT

MM. B. Constant, — Guillaumet, — Mouchot, — Bridgman, — Huguet, — Pasini, — Rosier.

L'Orient! Encore une découverte moderne au point de vue de l'art. Celle-ci a failli accomplir une révolution totale dans la peinture. Elle nous a valu, à peu de distance, deux écoles qui honorent le génie français : l'une, dont les maîtres furent Decamps et Delacroix; l'autre, dont les chefs étaient, hier encore, Henri Regnault et Fortuny (n'en déplaise aux compatriotes de Goya, Fortuny nous appartient). Les premiers de ces hardis explorateurs surent prendre au soleil oriental sa chaleur; les seconds lui ravirent sa lumière. Des uns comme des autres, il ne reste plus, hélas! que des souvenirs.

M. Benjamin Constant ne les fait pas encore revivre, bien qu'étant, de tous les exposants de cette année, celui qui s'y efforce le plus. On voit aussi qu'il a fait de son mieux pour nous intéresser à ses *Prisonniers marocains* : mais dans une toile de grande dimension les détails seuls ne constituent pas l'intérêt.

Au contraire, quelle séduction l'on éprouve devant le tableau de M. Guillaumet : *Bivouac des chameliers!* La caravane a fait halte dans une vallée en forme de cirque, paysage superbe, comme on en trouve parfois dans le désert. Un crépuscule magique embrase le ciel de ses chaudes colorations et donne aux montagnes lointaines l'air de masses d'azur pétrifiées. La nuit va venir tout à coup. On sent déjà passer les premiers souffles de ses brises tièdes. Lorsqu'elle resplendira, sereine, avec ses myriades d'étoiles, celui qui fera la ronde autour du bivouac aura un merveilleux spectacle.

Moins enviable est le sort des fellahs travaillant au milieu du jour sous l'implacable soleil de la haute Égypte. Tout labeur est martyre dans cette atmosphère de plomb. Voyez plutôt ces pauvres diables que M. Mouchot fait courber sur la *Chadouf*. Le tableau est très-juste d'aspect. Il donne de cette contrée, d'ailleurs médiocrement pittoresque, une idée plus exacte que le *Jour de calme* de M. Bridgman. Je suspecte la sincérité de cette dernière toile et serais étonné d'apprendre que l'idée première en eût été conçue d'après nature. Ciel et paysage ne seraient-ils pas plutôt Vénitiens?

Encore un joli tableau : le *Ravin de l'Oued-Kébir*, par M. Huguet. L'heure y est matinale. Un léger brouillard flotte encore et traîne paresseusement ses mousselines sur le sol. Dans le torrent qui coule au fond d'une pente effroyable, formée par une avalanche de rochers, quelques Arabes font boire leurs chevaux. Bonne composition, d'une touche fine et délicate, mais où l'on regrette l'emploi général du même ton. A un pas de distance, les chevaux se confondent avec le sol et leurs croupes font l'effet de blocs de pierre.

Comme orientaliste, M. Guillaumet n'a en de rival au Salon que M. Pasini. *L'Entrevue de chefs Métualis dans le Liban* est une de ces toiles chaudes et colorées qui se font regarder longtemps et nous donnent la nostalgie du pays des palmes.

En revanche, M. Rosier, et avec lui bien d'autres, finiront par nous inspirer une sainte horreur pour Venise. Mon Dieu! quelle invasion de *Piazzetta* chaque année dans notre exposition de peinture! quelle débauche de *Ripa dei Schiavoni!* Quelle orgie de *Canareggio!* Par saint Marc! c'est presque aussi ennuyeux que les Turcs de madame Browne!

§ XI. — LES ANIMALIERS

MM. de Penne, — Jadin, — Hermann-Léon, — Lambert, — Jules Gélibert, — Van Marcke, — Didier, — Schenck, — Coignard, — Brissot de Warville, — Vayson, — Philippe Rousseau, — Émile Breton, — de Vuillefroy.

Sous la rubrique *Scènes champêtres*, nous avons étudié (très-sommairement, il est vrai,) la figure dans le paysage. Voyons maintenant les animaux. N'ont-ils pas leur figure, eux aussi?

A tout seigneur, tout honneur. La première place appartient à « l'ami de l'homme ». Voici des *Chiens de Saint-Hubert* signés de Penne. C'est en chasse, par un gros temps. Ils se chauffent autour d'un feu allumé sur la neige. Ils sont très-graves et très-pénétrés de leur devoir, ces braves chiens d'élite! — Les roquets de M. Jadin sont des fâcheux ou tout au moins des inutiles. Aussi les voit-on se prélasser sur des coussins de soie. M. Jadin est toujours l'excellent peintre animalier que l'on connaît; mais ses *loulous* deviennent par trop potiches. — M. Hermann-Léon mérite une mention pour *Galendor et Castillo*, deux bonnes bêtes qui doivent traquer le gibier avec ardeur dans les marais du bocage. — Quant à M. Lambert, ses chiens nous paraissent préférables, cette année, à ses chats. *Jack, Sam et Shot* font honneur à leur profession de chasseurs. — S'il nous fallait d'ailleurs choisir entre tous les peintres de ce genre, nous donnerions la préférence à M. Jules Gélibert. Son académie canine pèche parfois sous le rapport de la science; mais il sait peindre avec une maestria toute particulière la bête en mouvement dans un paysage qui la fait valoir.

Les animaliers ont une prédilection pour la race bovine. D'aucuns ont réussi à se créer dans ce genre les spécialités les plus restreintes, tels que M. Van Marcke, avec sa vache normande, et M. Didier, avec son taureau romain. Il n'y a plus rien à dire sur ces deux peintres, du moment qu'ils semblent avoir fait vœu de se copier eux-mêmes indéfiniment.

La variété a également un ennemi déclaré dans la personne de M. Schenck. Toujours les mêmes moutons, qui semblent sortis d'un magasin de jouets d'enfants! Il *y revient* plus que jamais.

Ceux de M. Coignard ont encore moins de mérite. Par une recherche exagérée du relief, ce peintre a obtenu des effets de stéréoscope. Quant à ses bœufs, ils sont d'une longueur étonnante. ...

Voyez plutôt les *Moutons sortant du parc*, par M. Brissot de Warville; une toute petite toile pleine de poésie. L'aurore commence à poindre; le ciel s'empourpre de teintes roses et lentement se débarbouille des vapeurs de la nuit. Les chiens s'étirent, tout le bercail s'éveille en même temps que la nature.

Un bon tableau à signaler encore dans le même genre est celui de M. Vayson. Il est bien peint et surtout bien composé. On a vu avec plaisir le jury décerner une médaille à ce jeune artiste.

Citons encore deux toiles, l'une de M. Philippe Rousseau, le *Loup et l'Agneau*; l'autre de M. Émile Breton, l'*Étoile du Berger*; mais seulement pour dire à M. Rousseau qu'il s'est trompé, et à M. Breton qu'il s'égare. J'arrive au plus vite à M. de Vuillefroy.

M. de Vuillefroy n'est pas un spécialiste, Dieu merci! La souplesse, la puissance, la personnalité de son talent, lui permettent de traiter avec un égal succès divers genres de peinture. En attendant les nouvelles surprises qu'il nous réserve, constatons que désormais il occupe le premier rang parmi nos animaliers. Troyon n'aurait pas dédaigné de signer *la Rue d'Allemagne à la Villette*; car les grandes qualités de composition qui distinguaient si particulièrement le maître se retrouvent dans ce tableau. C'est aussi la même facture, sans préjudice toutefois pour l'originalité de l'auteur.

Armand d'Artois en donne la description avec une exactitude frappante, dans un de ces petits poèmes dont le cadre étroit suffit à peine à contenir son vers ample et magistral. Le sonnet ayant été fait à notre requête, il nous appartient en quelque sorte. Le lecteur nous saura gré de le faire participer à notre bonne fortune.

> Sous un ciel bas, d'un blanc sale teinté de noir,
> Qui prend l'aspect blafard d'un immense cilice,
> La rue étend au loin son pavé rond et lisse
> Que l'averse a rendu luisant comme un miroir.
>
> Quelques passants s'en vont, flânant sur le trottoir,
> Sans voir ces condamnés qui marchent au supplice :
> Plusieurs troupeaux de grands bœufs roux, dont le pied glisse
> Sur le chemin qui mène au sanglant abattoir.
>
> Et dans les yeux rêveurs de ces bêtes superbes
> Sont encor peints les clairs ruisseaux, les hautes herbes
> Et les pommiers en fleurs du gras pays normand.
>
> La bave en fils d'argent tombe de leurs narines,
> Et parfois l'un d'entre eux renifle longuement
> Comme au ressouvenir d'âcres senteurs marines.....

Quelle belle chair de poésie! comme disait un journaliste bien connu en parlant d'un poëte bien célèbre. Mais aussi quelle belle pâte de peinture dans le tableau qui nous vaut ces vers!

Inférieur à *la Rue d'Allemagne*, le *Marché franc* du même peintre n'en est pas moins une œuvre de grand mérite. Dans un tourbillon de poussière lumineuse soulevé par le sabot des robustes étalons, apparaît, large et fourmillante de forains, la rue principale d'un gros bourg picard. A droite, sous les arbres que les aïeux plantèrent et qui sont l'orgueil du village, sur l'herbe tachée de soleil, parmi les bestiaux accroupis qui viennent de changer de maîtres, la foule fait ses menues emplettes, acheteurs et vendeurs mettent à leurs pactes conclus le sceau des libations obligées. Tout ce coin de paysage est pittoresque et charmant.

§ XII. — LE PAYSAGE

MM. Harpignies, — Ségé, — Français, — Rapin, — Daliphard, — Defaux, — Hanoteau, — César de Cock, — Beauverie, — de Groseilliez, — Zuber, — Hugues Martin, — Karl Daubigny, — Lambinet, — Langerock, — Nazon, — Xavier de Kock, — Dallemagne, — Herpin, — Yon, — Desbrosses, — Gassies, — Vernon, — Ballue, — Bonnemaison.

Le Salon de peinture s'ouvre à une époque de l'année où les Parisiens se disposent à prendre la clef des champs, où tout le monde rêve campagne, ombrages, sentiers verts et ruisseaux limpides. C'est donc avec un plaisir doublé par l'avant-goût des villégiatures prochaines que nous nous sommes arrêté devant les belles toiles exposées par nos paysagistes.

Quel superbe somme l'on ferait sous les *Chênes de Château-Renard!* Que de longues excursions dans cette *Vallée de l'Aumance!*

En art, les personnalités sont bien puissantes quand elles sont aussi accusées que celle de M. Harpignies. Tout grand caractère s'impose,

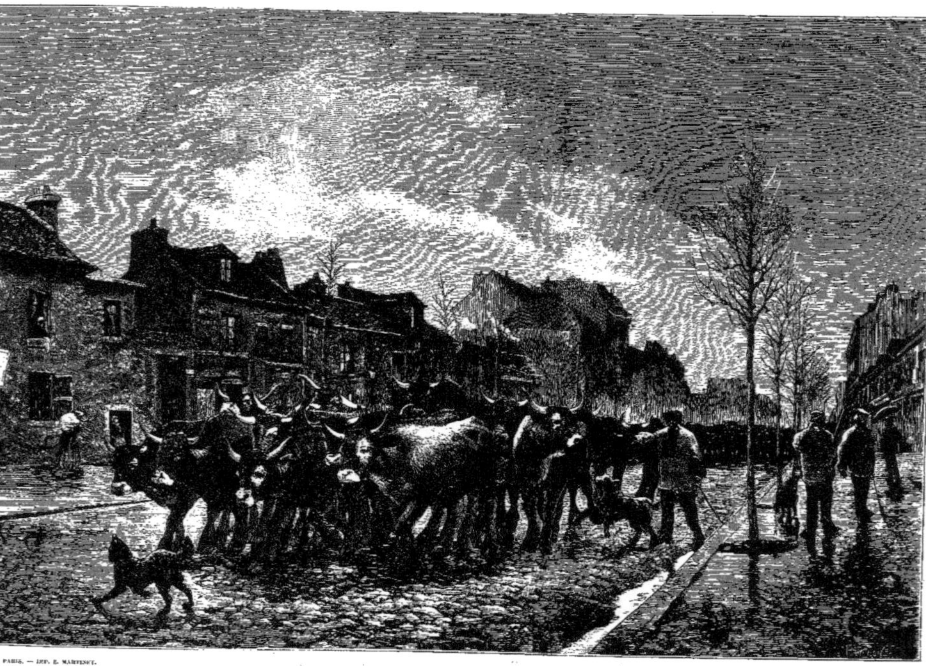

PARIS. — IMP. E. MARTINET.

GRAVURE TYP. DE CH. LORILLEUX.

LA RUE D'ALLEMAGNE, A LA VILLETTE. — Tableau de M. DE VUILLEFROY.

(D'après une photographie de la Maison Goupil et Cie.)

non pas (comme voudrait le faire entendre une théorie paradoxale) par les bizarreries ou les singularités dont souvent il est susceptible, mais bien par les qualités magistrales qui le distinguent. Ce qui nous charme dans la peinture de M. Harpignies, ce n'est pas précisément son coloris conventionnel et d'un aspect un peu monotone, c'est la construction savante de ses tableaux, c'est l'harmonie de sa composition, c'est l'ampleur et la fermeté de son dessin, c'est le goût austère, âpre, sauvage parfois, qui inspire toute son œuvre ; et nous sommes convaincu que l'emploi d'une tonalité plus juste, au lieu de leur nuire, mettrait encore mieux en relief ces qualités de premier ordre. Certes, nous voulons bien accepter les grands artistes tels qu'ils sont ; mais ils ne peuvent trouver mal que nous les désirions parfaits. Rien ne prouve que le talent de M. Harpignies serait diminué le jour où ses tableaux ressembleraient un peu plus à la nature et rappelleraient un peu moins la tapisserie de haute lisse.

Les toiles de M. Ségé ont aussi un grand caractère. Ses *Chaumes* sont peut-être le plus beau paysage du Salon. Et quelle difficulté vaincue ! C'est en plein midi, en rase campagne de Beauce, pendant l'été, après les moissons faites. Pas un arbre, pas une touffe de verdure dans ce fertile désert. Auprès de quelques maisons étroitement groupées, des moutons pacagent les chaumes rendus brûlants par le soleil. Au loin la plaine s'étend, immense. L'œil ne s'arrête que sur la silhouette grise de deux flèches pyramidales, les clochers de la cathédrale de Chartres, ce phare de la Beauce. Il faut voir ce tableau dont la simplicité produit un effet saisissant et que l'analyse ne peut rendre.

M. Français est le peintre des frondaisons luxuriantes, des feuillées épaisses, sous lesquelles on sent sourdre les eaux vives, grouiller les reines-vertes et se blottir dans ses retraites humides le crapaud philosophe. Voyez le *Ravin du Puits-Noir*. N'est-ce pas que vous craindriez d'enfoncer votre pied dans cette masse d'herbes touffues aux reflets bleuâtres ? Quelle vie ! Quelle sève ! Quel abîme entre cette façon d'interpréter la nature et celle du paysage académique autrefois si fort en honneur !

M. Rapin, un tout jeune peintre, suit de près son maître, M. Français ; peut-être même le suit-il de trop près. La *Rosée dans les fonds de Bonnevaux* et le *Ruisseau sous bois*, indépendamment de certaines lourdeurs qui appartiennent à M. Rapin, rappellent à s'y méprendre les tableaux de M. Français. Le maître et l'élève ont d'ailleurs étudié le même site par des effets de soir.

Dans le beau paysage que M. Daliphard intitule *Mélancolie*, l'heure est moins avancée, mais l'ombre y est plus sinistre. Les teintes fauves de ce couchant d'automne, à travers le branchage de ces grands arbres désolés, produisent une impression profonde. Il est regrettable que les premiers plans manquent un peu de consistance, bien que l'artiste ait eu à peindre un terrain marécageux.

Le Printemps dans les bois à Anvers fait une antithèse agréable avec le tableau de M. Daliphard. Ici les arbrisseaux ont leur parure d'étoiles roses, la brise souffle, les oiseaux chantent,

> Toutes les petites fleurs
> Font leur toilette dans l'herbe,

ou, comme aurait dit M. Lebrun, *la nature est en fête*. M. Defaux nous a donné là un excellent paysage, de beaucoup supérieur à sa *Ferme du Vieux-Chêne*, où l'on trouve toute une basse-cour de volailles en bois dans le goût des *aqua-tinta* dont l'Allemagne et l'Angleterre nous inondent.

M. Hanoteau sait, lui aussi, faire frissonner les arbres et pénétrer de fraîcheur les verdures plantureuses. Mais, comparées aux bœufs qu'on distingue au troisième plan de sa toile, les *Grenouilles* du premier sont encore beaucoup trop grosses. A l'exemple de M. Philippe Rousseau, l'artiste se serait-il inspiré d'une fable de La Fontaine ?.....

Dans le même ordre d'impression, il faut encore citer M. César de Cock, tout en constatant que ce bon paysagiste lâche de plus en plus son dessin. Feuilles, branches, herbes, massifs, tout cela se confond dans une peinture uniforme, dont la gamme des tons va du vert pâle au gris-pers. Il semble que d'un souffle on effacerait cette sorte de pastel. M. César de Cock n'en reste pas moins, Corot étant mort, le meilleur de nos *impressionnalistes*.

On voit du moins ce qu'a voulu peindre M. Beauverie. Malgré son faire un peu flou, sa *Saulée* nous indique bien des saules. De même pour M. de Groseilliez. De même pour M. Zuber, auteur d'un très-bon paysage, *Lisière de forêt dans la Haute-Alsace*, dont les premiers plans sont traités avec vulgarité, mais dont le lointain a des perspectives splendides.

A ce propos, nous devons rendre à nos paysagistes cette justice, qu'ils savent, en général, construire un tableau. Qualité sérieuse ou plutôt règle fondamentale contre laquelle nos peintres de genre (même les meilleurs) pèchent parfois si lourdement. Nous ne saurions trop recommander à ces derniers une étude attentive des œuvres de leurs confrères. Ce serait là pour eux une bonne école. En examinant, par exemple, l'excellente toile de M. Hugues Martin : *Un site du département de Seine-et-Marne*, ils se rendraient compte de tout ce qu'il faut de science pour donner à chaque plan sa valeur exacte par la proportion dans le dessin, par la tonalité dans la couleur. A ce point de vue, je ne connais pas de tableau supérieur à celui de M. Hugues Martin. Comme toute chose y est bien à sa place! quelle sûreté de ligne! quelle harmonie de composition! Sans doute, vous n'y trouverez point ces qualités spéculatives qui arrêtent violemment le gros public au passage et, en quelque sorte, lui mettent la main au collet. Non, cette œuvre est simple et savante, voilà tout. Devant elle, le bourgeois passe et l'amateur fait une halte.

Saint-Étienne, autre tableau du même auteur, ne le cède en rien au précédent. C'est la même touche magistrale. Il est grand temps que le jury se décide à ratifier l'opinion que professe à l'égard de M. Hugues Martin la partie éclairée du public.

Si M. Karl Daubigny n'avait exposé, en fait de paysage, que son effet de neige taillé à même le blanc d'argent et appliqué sur la toile avec le couteau à palette, comme du beurre sur du pain, il aurait dû se contenter, pour cette année, de paraître moins ridicule que M. Émile Breton. Heureusement pour lui, sa *Vallée de Portville* est de tous points remarquable. Chintreuil n'a jamais peint un meilleur effet de soleil.

M. Lambinet est toujours aussi cotonneux ; M. Langerock ne progresse pas ; M. Nazon s'éteint dans la gloire de ses crépuscules ; M. Xavier de Cock s'enfouit sous la végétation dévastatrice de ses épinards.

Terminons par quelques jeunes, et citons M. Dallemagne, dont le pinceau délicat et fin détaille à l'excès et qui s'annonce comme un ennemi déclaré des peintres d'*impression*; — M. Harpin, qui a trop de talent pour ne pas se débarrasser bientôt de sa pâte épaisse et grossière; — M. Yon, dont *la Seine aux environs de Montereau* indique chez ce peintre le tempérament d'un chercheur et d'un observateur puissant; — M. Desbrosses, très-poète dans son farouche tableau des *Bords de la Semoie*; — M. Gassies, auteur d'une bonne toile, *Route de Paris dans la forêt de Fontainebleau*; — M. Vernon; — M. Ballue, qui a d'excellentes choses dans son *Chemin bordé de pommiers*. L'*Allée de chênes dans la forêt de Saint-Michel*, du même auteur, mérite aussi qu'on la signale,—Nommons enfin M. Bonnemaison, artiste d'avenir, appelé à mieux développer ses qualités dans un cadre plus large. Son effet de soir, qu'il intitule *Vue de Sologne*, et qui serait plutôt un paysage normand, laisse voir quelques négligences, mais se rachète par une grande sobriété de goût et un sentiment profond de l'harmonie.

§ XIII. — LES MARINES

MM. LANSYER, — CLAYS, — GEGERFELT, — MESDAG, — VAN HIER, — OLIVE, — BOUDIN, — APPIAN, — GALLARD LÉPINAY, — LAPOSTOLET, — LA VILLITE (Mme), — VERNIER, — APPARUTI, — MASURE.

Si les maîtres du paysage se maintiennent à leur hauteur, il n'en est pas de même pour ceux de nos peintres de marines dont la renommée est faite à raison ou à tort.

M. LANSYER, avec ses rochers en boue et ses vagues en métal, épuisera tout le répertoire des vieux noms armoricains sans ajouter un iota à son mince talent. — M. CLAYS, dont la couleur épaisse a de la crudité, non de la chaleur, baisse de plus en plus. Il aime à peindre les eaux boueuses des estuaires du Nord ; mais ce n'est pas une raison pour leur donner l'apparence solide et les tons marmoréens des onyx d'Algérie. — M. GEGERFELT peint à peu près dans la même note, mais la composition de ses tableaux est bien ordonnée. Signalons de cet artiste la *Rentrée des pêcheurs au fort de Fyelback*. — M. MESDAG a, cette année, une fort mauvaise exposition ; mais il est homme à se rattraper. — Nous voudrions en espérer autant de MM. VAN HIER et OLIVE qui occupent, par droit de prescription, plusieurs mètres de cimaise. — Quant à M. BOUDIN, toujours en faveur dans le public, la sincérité nous oblige à reconnaître que sa manière confine à la peinture d'enseignes. Le *Port de Bordeaux* nous a rappelé ces toiles étranges qu'on porte au bout d'une perche dans les fêtes de banlieue et sous lesquelles on voit de vieux marins invalides raconter, la larme à l'œil, le bombardement de Tanger.

M. APPIAN est le seul dont les envois de cette année justifient la réputation. Il excelle à rendre la transparence et la fluidité de l'eau. Sa vague est une coquette qui se met des perles au sein.

En dehors de cette exception, la peinture de marine n'est assez bien représentée que par les jeunes. Énumérons leurs principaux envois : *Un Trois-mâts américain entrant au Havre*, par M. GALLARD LÉPINAY. La mer est un peu molle, un peu cotonneuse peut-être, mais le ciel est fort bon et l'ensemble de la toile d'une tonalité aussi juste qu'harmonieuse. — *La Plage de Villeville*, par M. LAPOSTOLET, un peintre plein de finesse et d'observation. — *Marée montante, près de Lorient*, par madame LA VILLITE, qui certes a bien mérité sa médaille. — *Un Bateau de Cancale* et le *Retour du bas de l'eau*, deux excellentes études, par M. VERNIER, pour qui les faveurs du jury ne peuvent plus désormais se faire attendre. — Enfin, *le Hoc*, par M. APPARUTI, dont les charmantes et spirituelles figurines n'auraient assurément rien perdu à être des figures. C'est la première fois que ce jeune peintre expose. La critique fera bien d'avoir les yeux sur lui.

Après toutes ces œuvres pleines de promesses, n'est-il pas opportun de rappeler à M. MASURE qu'il demeure stationnaire et finira par se faire oublier ?

§ XIV. — FLEURS, BIBELOTS, NATURE MORTE

MM. PHILIPPE ROUSSEAU, — VOLLON, — BLAISE DESGOFFE, — CAUCHOIS, — CLAUDE, — COUDER, — KREYDER, — JOULIN, — MONGINOT, — SERVIN.

Dans le genre bibelots, fleurs, nature morte, nous avons des maîtres qui en revendraient à la plupart des vieux flamands, à Snyders, par exemple, dont le coloris nous a toujours paru équivoque.

Si l'art consiste à reproduire avec l'illusion de la réalité les objets inanimés, il faut convenir que M. Philippe ROUSSEAU, M. VOLLON et M. Blaise DESGOFFE sont les premiers artistes du monde. Mais comme semblable théorie est bien loin de notre pensée et que nous ne comprenons pas en quoi un fromage peut être intéressant, si ce n'est pour être mangé, nous avouons notre indifférence profonde à l'égard des *Fromages* non comestibles de M. Philippe Rousseau. Les *Armures* de M. Vollon, nous laissent froid, malgré tout leur mérite, et son « quadrupède » écorché a cela de mauvais ou de bon (comme on voudra) qu'il nous rappelle le bœuf de Rembrandt. Quant à M. Desgoffe, la nature l'a doué d'une patience extraordinaire et d'une habileté merveilleuse, mais il n'a jamais su grouper spirituellement ses bibelots. — M. CAUCHOIS, au contraire, dont la toile, *Horloges et Pendules*, fait songer à la boutique de Lubin rendue fameuse par Despréaux, a su se tirer avec infiniment d'esprit de cette bizarre composition de commande. Il l'a soulignée d'un charmant quatrain de Dézamy :

> O pendules de nos grand'-mères,
> Vous dont l'amour fut l'horloger,
> Oubliez les heures amères,
> Pour sonner l'heure du berger !

M. Cauchois est du reste un chaud coloriste. Il peint excellemment les fleurs et les fruits. Quelque jeune qu'il soit, nous ne lui connaissons de rivaux en ce genre que M. CLAUDE et M. COUDER. — M. KREYDER expose des raisins superbes, de ceux que les pauvres diables regardent amoureusement dans la vitrine de Chevet. Pas moyen de se donner, devant ces muscats fort à point, la fiche de consolation du renard de La Fontaine ! — N'oublions pas non plus les oranges de M. JOULIN. En cette saison elles ont bien leur prix.

Chardin avait le bon esprit d'animer ses natures mortes. Pourquoi la plupart de nos peintres ne l'imitent-ils point ? Leurs compositions y gagneraient tout l'intérêt dont elles manquent. Voyez, par exemple, M. MONGINOT : inférieur comme exécution aux précédents, il sait du moins nous arracher un cri en nous montrant son grand diable de singe prêt à briser en mille éclats un superbe vieux Rouen. Voyez ce drame dans une cave, auquel M. SERVIN nous intéresse par si peu de chose : rats et souris sont en quête, ils mettent le *Réduit* au pillage ; mais pendant qu'ils grignotent en toute sécurité, deux prunelles brillant dans l'ombre apparaissent en haut d'un vieux sac. On devine le personnage qui va faire son entrée en scène. C'en est assez pour que nous nous amusions.

Si Peau d'Âne m'était conté.....

Il est des genres inférieurs, comme celui qui nous occupe actuellement ; mais ils n'en appartiennent pas moins au domaine de l'artiste. Le seul genre qu'on doive exclure, c'est le genre ennuyeux. Nous venons de le dire à propos de M. Desgoffe ; nous le répétons pour tous les autres peintres de nature morte qu'il nous a été impossible de citer et même pour ceux d'entre eux qui ont obtenu une médaille. Vous rappelez-vous la boutade spirituelle du marquis de Presle à l'adresse de son beau-père Poirier : « Quelques petits oignons coupés en quatre par ce méchant petit couteau ! Ce n'était rien..... Eh bien, cela vous tirait les larmes des yeux ? » Que les artistes y réfléchissent : nous n'avons pas au cœur la triple cuirasse d'airain dont parle Horace, mais il nous faut des émotions plus fortes.

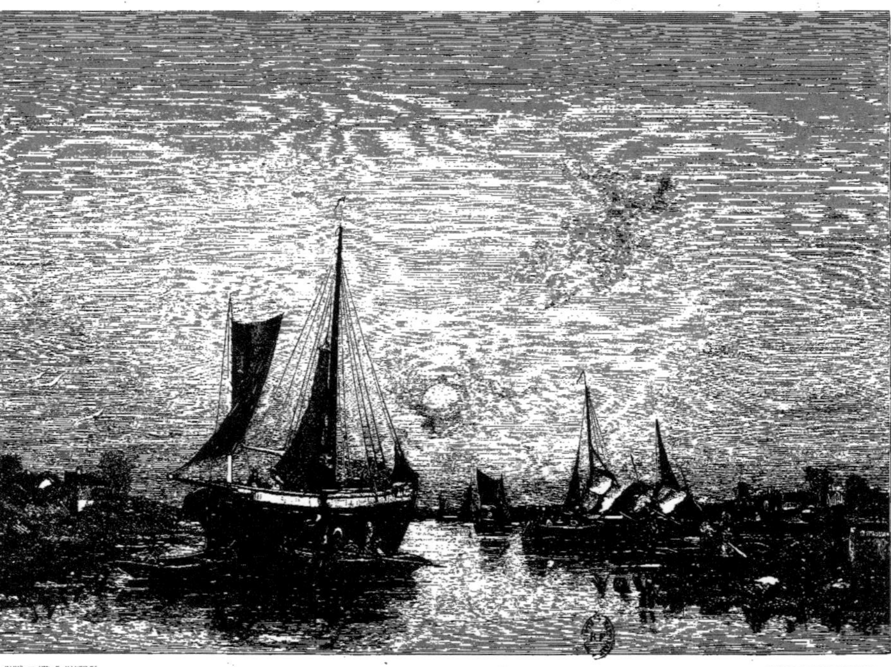

PARIS. — IMP. E. MARTINET

ENCRES TYP. DE CH. LORILLEUX.

LA RENTRÉE DES PÊCHEURS AU PORT DE FYELBACH (Suède) — Tableau de GEGERFELT.

(D'après la photographie de MM. Goupil et Cie, seuls propriétaires du droit de reproduction.)

LA SCULPTURE

I. — LES GROUPES

MM. PERRAUD, — DAMÉ, — CUGNOT, — GUILLAUME, — FALGUIÈRE, — MERCIÉ, — DELAPLANCHE, — FRAIKIN.

De toutes les formes que la nature a placées sous les yeux de l'artiste, il n'en est pas de plus belle que celle du corps humain. A défaut du créateur, il faudrait adorer la créature. Ainsi firent les païens. L'amour de la beauté plastique fut en quelque sorte leur seule religion et domina toutes leurs théogonies. Le culte du beau, dans l'antiquité, n'a d'équivalent chez nous que l'idée de morale universelle. Ils furent artistes avant tout, nous sommes d'abord philosophes; et ce qui était dogme pour eux n'est plus que sentiment pour nous. C'est pourquoi la supériorité des anciens, en matière d'art purement plastique, est et sera toujours fondamentale.

Il ne serait donc pas équitable de juger nos sculpteurs contemporains au seul point de vue de la forme : on s'exposerait d'ailleurs à trop de mécomptes, et tout travail de critique exclusivement conçu dans cet esprit ne reviendrait à être qu'une longue et monotone comparaison avec des modèles inimitables. Il faut avoir égard à la pensée qui anime leurs œuvres, quelque petite part qui revienne à l'idée dans une production sculpturale, surtout si on la compare à celle que doit y occuper la forme. Nous le ferons volontiers. Nous sommes même tout disposé à reconnaître la supériorité que l'école moderne possède actuellement sur les continuateurs de l'école antique.

Pour mieux constater cette supériorité, considérons huit groupes entre ceux qui ont attiré plus particulièrement l'attention des amateurs au Salon de sculpture.

Quatre sont antiques, les quatre autres modernes. Dans les premiers, les parties nues dominent; dans les seconds, la draperie. Ce sont, d'une part : *le Jour*, par M. PERRAUD; *Céphale et Procris*, par M. DAMÉ; *Corybante*, par M. CUGNOT; *un Terme*, par M. GUILLAUME. D'autre part : *l'Éducation maternelle*, par M. DELAPLANCHE; *une Mère*, par M. FRAIKIN; *la Suisse accueillant l'armée française*, par M. FALGUIÈRE, et *Gloria victis*, par M. MERCIÉ.

Par cette seule nomenclature, on voit déjà dans quel camp est la victoire. L'analyse achève de la fixer. En effet, malgré l'élégance du groupe, malgré le galbe de ses formes, l'œuvre de M. Damé n'est en somme qu'un assemblage assez heureux de réminiscences. Elle reste dépourvue de cette merveilleuse unité dans la conception et dans l'exécution que l'école antique enseignait et que les maîtres pratiquèrent. — M. Cugnot a fait sans doute de louables efforts vers ce but. Son Corybante est bien stylé. Mais que peut-on y trouver de plus qu'un pâle reflet du grand art? — M. Guillaume s'élève plus haut. A force d'étude et de talent, il arrive presque à évoquer le siècle de Périclès au milieu du nôtre. Aucun sculpteur aujourd'hui vivant n'est peut-être plus pénétré que lui de la tradition antique. Pourtant quelle différence entre son Terme et un chef-d'œuvre, et comme le sentiment essentiellement moderne qui respire dans l'admirable buste de Mgr Darboy lui a cent fois mieux réussi! Il est bien chétif, bien mesquin, ce microscopique amour mouillé que le Terme réchauffe dans ses bras! Il faut le chercher pour le voir, et quand on l'aperçoit, on a peine à s'imaginer qu'il puisse jouer là un rôle conforme à celui que lui attribue l'odelette d'Anacréon. — Quant au groupe colossal de M. Perraud, morceau destiné, je crois, à orner (?) l'avenue de l'Observatoire, Phidias aurait pleuré de honte devant cette œuvre et Athènes aurait frappé d'ostracisme son auteur. Eh quoi! la main d'un artiste peut-elle se complaire à modeler une académie aussi repoussante? O religion du beau! O *Gladiateur combattant!* O *Persée!*...

Pierre Puget ne faisait assurément pas des mièvreries en sculpture. Son *Crotoniate* n'a jamais passé pour un modèle d'élégance aristocratique. Mais il a la beauté farouche d'un corps développant une force surhumaine, et la musculature de Milon, quoique sans noblesse il est vrai, n'a du moins rien de répugnant pour nos yeux. Quel paysan du Danube, quel barbare, Scythe ou Calédonien, a servi de modèle à M. Perraud?

Dans ce que nous avons appelé l'autre camp, nous ne trouvons, au contraire, que des œuvres remarquables. Le groupe de M. Falguière est poignant comme l'agonie même de la Patrie; celui de M. Mercié est triomphant comme une apothéose; celui de M. Delaplanche est grave, auguste et consolant comme la maternité nourricière de l'avenir; celui de M. Fraikin est caressant et joyeux comme le bonheur même, comme l'ivresse de la jeunesse et de la vie.

Pour faire la part belle à ces artistes, abstenons-nous de leur adresser aucune critique, supposons leurs œuvres même parfaites (elles sont loin de l'être assurément), et demandons-nous, pour conclure, où nous conduiront leurs imitateurs? En dehors du culte de la forme, y a-t-il pour la sculpture une voie de salut ou de régénération? Que diront ceux qui n'hésitent pas à l'affirmer, si demain, par exemple, un artiste de talent vient à exposer la statue de Triboulet, autrement dit la négation « de toute grâce et de toute beauté », ou bien un groupe de gentlemen riders portant le frac ou le veston, la culotte à jambe évasée, le *gibus* sous le bras ou la casquette à moustiquaire sur le chef? Eh bien, pour nous, nous n'hésitons pas à le dire, poser la question, c'est la résoudre. Du jour où la sculpture cessera d'être sculpturale (on y marche à grands pas), elle devra changer de nom. Tout art qui franchit les limites de sa sphère dépasse son but sans l'avoir atteint. Ainsi, en musique, les innovations stériles de Berlioz et de Wagner.

II. — LE NU : (*Homme*)

§ I. — L'AGE DE LA GRACE

MM. ROUBAUD, — DEGEORGE, — GUILBERT, — PROSPER D'ÉPINAY, — LAFORESTERIE, — BAUJAULT, — PALLEZ, — HOUSSIN, — HERCULE, — MORICE, — LOUIS MARTIN, — GARNIER.

Analysons maintenant une à une les œuvres de nos sculpteurs, et, pour introduire quelque méthode dans ce travail, commençons par l'étude du nu, qui est et restera toujours l'objet primordial de la statuaire.

L'enfance et la jeunesse, c'est-à-dire l'âge de la grâce, a inspiré nos artistes d'une manière assez inégale.

Si le *Joueur de triangle* de M. Roubaud n'était pas, sauf peut-être en ce qui concerne la position des bras, une copie exacte du petit Faune antique, on aurait grand plaisir à le louer sans réserves. Mais quand l'imitation est elle-même aussi peu réservée, la critique la plus tolérante éprouve des scrupules et l'enthousiasme le plus facile se refroidit.

La récompense décernée à M. Degeorge pour sa *Jeunesse d'Aristote* s'adresse à une œuvre plus personnelle. M. Degeorge a recherché l'originalité et a su l'obtenir. Il est grand temps qu'on nous délivre des sujets rebattus qui exercent encore la verve de M. Thabard et autres artistes, auteurs d'*Enfants à l'Écureuil, au Lézard, à la Vipère, à l'Abeille,* à n'importe quel insecte ou reptile. Ces pauvretés d'imagination vont presque toujours de pair avec d'égales pauvretés de nature. Témoin *le Petit Justicier* de M. Guilbert, qui a réussi à pendre une médaille à côté du scapulaire qu'il avait pris au Pêcheur napolitain de Rude. Voilà bien de l'honneur pour ce petit fouetteur de chats! Témoin encore l'*Enfant Spartiate,* de M. Prosper d'Épinay, une statuette absolument indigne de l'élégant ciseau qui modela *Ceinture dorée.* M. Degeorge s'est tenu en garde contre toutes ces banalités. On peut lui reprocher d'avoir alourdi sa composition par trop d'accessoires. Le corps de son héros, dont l'attitude aurait pu d'ailleurs être moins nonchalante, se perd et disparaît presque sous la profusion des rouleaux de tablettes et la prolixité des draperies. Mais la tête est pensive et intelligente, le mouvement naturel, le sentiment charmant et grave.

S'il y a moins d'effort de pensée dans la jolie statue que M. Lafonesterie a intitulé *Rêverie,* on y trouve un modelé plus large et surtout une simplicité dont n'a pas fait preuve M. Degeorge. Pourquoi cette œuvre gracieuse est-elle gâtée par une main gauche d'un aspect aussi désagréable?... Il est de ces détails qui, par la place qu'ils occupent, acquièrent une importance majeure. C'est le petit monstre bleu dont parle Gustave Droz dans un de ses livres. Cela vous poursuit et vous obsède. Le reste n'est plus rien devant ce détail irrésistible, tyrannique, implacable. Ainsi vous n'avez cure de tout le talent que M. Baujault a dépensé dans les jambes et le torse de son *Jeune Gaulois,* car cette bouche ouverte dont le trou noir s'aperçoit à cent pas de distance a pour effet de vous mettre tout d'abord en humeur de rire et ne laisse place en l'esprit à aucun autre sentiment. Par cette faute de goût, M. Baujault a compromis le succès d'une œuvre de valeur.

Mais pécher contre le style est encore pardonnable. Ce qui l'est moins, c'est de pécher contre la morale. Aussi M. Pallez, pour son *Ganymède,* nous semblait-il mériter du jury de sculpture plutôt un blâme qu'une récompense. Nous ne nous étendrons pas sur la mauvaise composition de ce groupe dont les attitudes vont à l'encontre du mouvement ascensionnel de l'aigle emportant vers les cieux l'échanson de Jupiter. Il est inutile de faire observer, même à M. Pallez, que l'oiseau, ayant son col enlacé par le bras de l'enfant, ne pourra jamais faire mouvoir ses ailes. Tout indique du reste chez l'auteur une préoccupation étrangère à la donnée classique du sujet. Presque ridicule si l'on a égard aux serres de l'aigle qui pénètrent « sans douleur » les chairs du jeune Troyen, tout à fait inconvenante si l'on considère l'expression et l'agencement du groupe, cette œuvre est un chapitre fantastique ajouté au Satyricon.

M. Houssin aurait-il eu connaissance de la composition de M. Pallez et aurait-il voulu en faire la contre-partie? Son *Ganymède* n'a pas l'air de se réjouir beaucoup à l'idée de se laisser emporter à travers l'espace. C'est en vain que l'aigle voudrait le persuader. L'enfant semble lui dire: « A d'autres! » Le groupe de M. Houssin ne fait pas aussi bon ménage que celui de son confrère. Ce morceau, il est vrai, ne manque pas, dans son ensemble, d'un certain sentiment de l'antique, mais les formes en sont bien dépourvues. Tête et corps appartiennent à cet être famélique et chétif que nous appelons gamin, et qui excite à Paris notre commisération, mais qu'à Sparte on aurait jeté à l'abîme.

Loin de faire le même reproche à M. Hercule pour son *Daphnis* nous constaterons, au contraire, qu'il s'est par trop inspiré du Mercure de la galerie des bronzes au musée de Naples. Ce que nous avons dit de M. Roubaud s'applique donc à M. Hercule.

L'*Hylas* de M. Morice prouve que son auteur a tiré un meilleur profit de l'étude des antiques. Hylas est un fort beau garçon, et l'on ne saurait trop approuver les Nymphes de l'avoir ravi au fils d'Alcmène. Souplesse, grâce, élégance, il a tout ce qu'aimaient Alcide et l'aigle de M. Pallez. La médaille que lui a donnée le jury ne pouvait être mieux attribuée.

M. Louis Martin, avec l'*Enfance de Bacchus,* s'annonce comme un bon élève de M. Mercié. Ce jeune artiste a, lui aussi, bien mérité sa récompense. M. Garnier aura la sienne tôt ou tard; mais son envoi de cette année n'aurait pu encore la justifier. Une statue du *Printemps* doit être un symbole de jeunesse et ne saurait accuser les formes vieillottes qu'on remarque dans le plâtre de M. Garnier.

O gioventù, primavera della vita !

---

§ II. — L'AGE DE LA FORCE

MM. Moulin, — Bourgeois, — Cordonnier, — Desbois, — Jullien, — Taluet, — Tournois, — Icard, — Noel, — Thomas, — Alfred Lenoir.

Le corps de l'homme a vraiment toute sa beauté lorsqu'il est dans l'âge de la force. Le développement complet de sa virilité lui donne aussi un sentiment plus pur et chasse de la pensée l'équivoque à laquelle se prêtèrent trop complaisamment les mœurs antiques. Voici une série d'œuvres mâles et robustes qui font honneur à nos petits Phidias.

C'est d'abord la spirituelle composition de M. Moulin, *Un secret d'en haut,* qui a peut-être un peu perdu à devenir marbre. La maquette dissimulait jusqu'à un certain point le maniérisme de ce Bouguereau en sculpture ; le marbre le laisse aujourd'hui trop paraître. Il n'en reste pas moins à l'œuvre de M. Moulin le double mérite d'être intéressante et distinguée.

Sous ce rapport, le *Mercure* de M. Bourgeois ne lui cède en rien, et si le modelé n'en est peut-être pas aussi savant, le mouvement nous en a paru plus naturel et de meilleur goût. Il y a un joli marbre à faire avec le Mercure de M. Bourgeois. Cet artiste appartient à une bonne école, celle de Jouffroy, qui joint à la simplicité l'esprit et l'élégance. D'autres recherchent l'étrangeté. C'est le cas de M. Cordonnier, qui a cru probablement faire une trouvaille en dressant sa statue sur la pointe des orteils à la manière des corybantes ou de ces dames du corps de ballet. Cette affectation était inutile. Le bras levé, tel qu'il est, suffisait pour indiquer l'action. Il valait mieux, ce nous semble, reporter sur la physionomie ce que ces pieds ont de trop énergique. *Le Réveil* est un envoi de Rome. Est-il besoin d'ajouter qu'on y remarque l'éternelle tête qui est devenue, pour ainsi dire, l'indice de cette provenance et que l'on trouve malheureusement jusque dans le *Gloria victis* de Mercié?

Ces réserves faites, on doit des éloges à M. Cordonnier pour la manière dont il a traité le torse de son héros. L'emmanchement des bras, partie délicate en sculpture, est surtout bien réussi. En somme, cette œuvre révèle du tempérament, même dans ce qu'elle a de défectueux.

Les encouragements du jury ne pouvaient mieux s'adresser qu'à l'*Orphée* de M. Desbois. Mais l'*Enfant prodigue* de M. Jullien en méritait bien une part. On reconnaît dans cette statue l'effort personnel de l'artiste près d'atteindre son originalité en travaillant dans les bonnes conditions d'étude de la sculpture. M. Jullien entre dans la voie où M. Taluet et M. Tournois l'ont précédé.

Des deux statues exposées cette année par M. Taluet, le jury semble avoir préféré *Brennus apportant la vigne*. Ce marbre est beau sans doute; mais l'*Empédocle* nous a paru supérieur, tant au point de vue de la composition que du style. M. Taluet a représenté le grand ambitieux au moment d'accomplir le fameux suicide que la tradition lui impute. Assis au bord du cratère où il va se précipiter, il rêve, inquiet et douloureux. Cet imposteur de génie en fera-t-il accroire à la nature aussi facilement qu'aux hommes? Le gouffre sera-t-il fidèle? N'est-il pas imprudent de lui confier son secret? Prends garde, Empédocle, le volcan est moins profond que ton orgueil!... L'artiste s'est montré vraiment inspiré par cette figure étrange, dont la compréhension n'était certes pas facile. Il lui a imprimé un grand caractère. D'un style aussi antique et aussi pur que le *Persée* de M. Tournois, son œuvre a sur celle-ci l'avantage d'être intéressante. Comme Polymnie accoudée au bord des flots, Empédocle penché sur le volcan renferme tout un drame. C'est ainsi que la sculpture, généralement appelée un art froid, devient éloquente lorsque le statuaire se double du penseur.

Mais que peuvent les meilleures intentions quand elles ne sont pas accompagnées de la science? Voyez, par exemple, cette statue de M. Icard : *Le XIXᵉ siècle porte le flambeau de la lumière et chasse la barbarie*. L'exécution en est choquante : des emmanchements disgracieux, des attaches grossières, une tête sans expression. Tout cela ne fait qu'une dalle de plus pour le pavé de l'Enfer.

La série des œuvres conçues dans le goût antique ne serait pas complète si nous omettions de signaler la belle reproduction en bronze du *Rétiaire* de M. Noel. L'auteur nous devait ce dédommagement pour certain groupe en style troubadour qui a nom *Roméo et Juliette*, composition prétentieuse, bizarre, sculpture de bric-à-brac, tenant le milieu entre le cénotaphe du XVIᵉ siècle et le motif de pendule. Pour cette année, M. Noël aura vécu de souvenirs. Il aura cela de commun avec beaucoup de ses confrères. Voilà déjà longtemps que M. Etex s'est résigné à vivre ainsi.

D'autres cherchent à consacrer leur réputation ou à couronner leur carrière. Tel M. Thomas, que le *Christ en croix* va porter vraisemblablement au fauteuil académique. Je ne crois pas qu'il y ait pour le statuaire un sujet plus difficile, sinon moins sculptural, que celui dont M. Thomas s'est tiré avec une remarquable habileté. Seulement il est regrettable qu'au lieu de développer, dans la majesté du martyre, le corps douloureux et calme du divin supplicié, il ait ramassé, pelotonné, écourté et, par conséquent, amoindri à deux points de vue. A côté du Christ de M. Thomas, il faut placer le *Saint Sébastien* de M. Alfred Lenoir. Ces deux morceaux de sculpture font honneur au sentiment chrétien qui les a inspirés, et nous leur rendrons cette justice d'autant plus volontiers que nous sommes plus éloigné d'approuver les intentions dévotes qu'on remarque dans certaines statuettes couronnées par le jury.

III. — LE NU : (*Femme*)

MM. Barré, — Gauthier, — Guitton, — Ludovic Durand, — Ramus, — Etex, — Lanson, — Moreau-Vauthier, — Michel Pascal.

L'anatomie féminine a été fort maltraitée au Salon de sculpture. Faut-il s'en prendre à la cherté des modèles?

Niaiserie et pauvreté, voilà tout le bilan de cette série.

Le Rêve d'Armide, par M. Barré, est dépourvu de caractère; — *L'Andromède*, par M. Gauthier, est maniérée jusqu'à la fadeur; — *L'Eve* de M. Guitton nous fait penser au même sujet traité par Dubois, et c'est là son moindre défaut; — *Blessée!* par M. Ludovic Durand, ainsi que *La Deception*, par M. Ramus, ont le tort de nous rendre tristes, alors que M. Etex, avec sa *Suzanne*, avait fait de son mieux pour nous égayer; — *Diane*, par M. Lanson, est une bien pauvre nature. O déesse des chasses nocturnes, svelte coureuse des bois, qu'avez-vous fait de vos belles jambes?...

De cet océan de choses ennuyeuses, à peine voyons-nous émerger, *rara nantes*, une *Néréide*, de M. Moreau-Vauthier, et une *Hébé* de M. Michel-Pascal. Encore cette Hébé serait-elle plutôt une Eve, si l'on considère le développement de ses formes, trop rondes et trop sensuelles.

IV. — LE DRAPÉ

MM. Clère, — Montagny, — Cabet, — Janson, — Bourgeois (le baron) — Chapu, — Bartholdi, — Préault, — Louis Noel.

Dans les figures que nous venons de passer en revue, la draperie est presque partout absente. Voici quelques morceaux où elle domine.

Ce sont : Une *Jeanne d'Arc, vierge et martyre*, vouée à un nouveau supplice par le ciseau de M. Clère; — *la Minéralogie*, par M. Montagny, une des plus étranges choses que nous ayons jamais vues. Qu'on s'imagine une grande femme roide, emmaillottée dans une draperie étrusque; à sa droite, je ne sais quel pyramidion assez semblable à un bonnet normand; le tout formant un ensemble qui s'appelle la Minéralogie et qui doit figurer au Jardin des Plantes au milieu d'autres raretés. M. Montagny a eu tort de laisser échapper de ses mains le pieux ébauchoir auquel on doit tant de madones. — *La Théologie*, par M. Cabet, n'est peut-être pas sans mérite en tant qu'étude de draperie. Au demeurant, la conception en est mesquine. Outre une grande bouche ouverte qui lui imprime un cachet de niaiserie assez prononcé, on prendrait volontiers cette statue pour l'image de la Scolastique discutant un apophthegme de saint Bernard. — *La muse de l'Histoire* n'a guère plus de caractère et manque principalement de la gravité qui lui siérait. Trop jolie, trop coquette, votre *Clio*, M. Janson! Trop de colifichets pour une divinité aussi austère! Trop de transparences dans sa tunique! Si l'on tremble devant un tel juge, c'est moins par crainte de ses sentences que par émotion de ses appas. — Il y a des qualités de composition dans la *Circé* de M. le baron Bourgeois. Le drapé en est élégant et sobre. Malheureusement cette enchanteresse a une tête bien insignifiante.

La médaille d'honneur a été décernée à M. Chapu pour la statue symbolique de *la Jeunesse*, qui doit servir de piédestal au buste d'Henry Regnault. Nous ne pouvons qu'applaudir à la décision du Jury. Cette récompense couronne dignement une carrière artistique des mieux remplies. Est-ce à dire que la *Jeunesse* soit le chef-d'œuvre de l'auteur de *Jeanne d'Arc*? Nous ne le pensons pas. Malgré les formes juvéniles, délicates et tendres que ce sujet lui imposait, il eût été, croyons-nous, possible à M. Chapu d'élargir davantage sa conception. Serons-nous le seul de notre opinion, si nous nous hasardons à dire que cette œuvre nous a paru être, en somme, une statuette plutôt qu'une statue? La taille et la chute des reins ne laissent-elles pas à désirer? Les draperies, dont la finesse permet d'apprécier tout le galbe du corps, ne sont-elles pas un peu tremblotantes, et, malgré leur légèreté, ont-elles bien la force de leur poids? N'y a-t-il pas dans les détails et notamment dans cette robe qui se soulève avec trop de complaisance pour laisser voir un joli petit pied nu, certaines recherches coquettes, certaines mignardises de ciseau voisines de la *manière* et parfois même contraires à la vérité? Enfin cette petite jeune fille, qui tente avec un mouvement si souple et si gracieux l'escalade du buste, atteindra-t-elle jamais à l'entablement? Nous soumettons ces observations au sculpteur de *la Jeunesse* avec toute la sympathie que nous inspirent son remarquable talent et son œuvre patriotique.

Dans le grand axe du jardin, on a pu remarquer deux statues d'homme entièrement drapées et de dimensions colossales : *Jacques Cœur*, par M. Préault, et *Champollion*, par M. Bartholdi. Il nous semble que la seule critique qu'on puisse adresser à M. Bartholdi, c'est de n'avoir fait ni monumentale, ni sculpturale, une figure qui devait l'être et par ses proportions et par ses développements. On dirait que l'artiste a pris à cœur de supprimer toute ligne à son œuvre. Champollion avait-il à déguiser une gibbosité ou une difformité quelconque pour se tenir ainsi plié, contorsionné, pelotonné en boule? Que ne se redresse-t-il pour qu'on le voie un peu! — Quant au marbre de M. Préault, rien de plus lourd et de plus épais. Depuis qu'il est décoré, M. Préault est méconnaissable.

Ces deux statues sont loin de valoir le *Suger* de M. Louis Noël, une œuvre largement drapée qui n'aurait rien perdu de son aspect grandiose dans de plus grandes dimensions.

V. — STATUETTES

MM. Guarnerio, — Itasse, etc.

En fait de statuettes de genre, nous ne voyons guère à signaler que la *Prière forcée* de M. Guarnerio, qui a figuré à l'Exposition de Vienne. Cette idylle de chambrette fait pâmer toutes les mamans. — *La Naissance de l'Amour*, par M. Itasse, est une mignonnerie charmante. Le petit vainqueur, blotti dans sa coquille qui s'entr'ouvre, est sur le point de s'éveiller. Bientôt, hors de sa prison, il aura fait le tour du monde en un clin d'œil. — Plusieurs travaux italiens, sculptures d'étagère, frisures et papillotes, miévreries et colifichets, qui se classent d'eux-mêmes au rang de l'art industriel. — *Jeanne d'Arc entendant une voix céleste*, petit plâtre niais, médaillé on ne sait pourquoi. — Enfin *Pierrot musicien*, amusante bouffonnerie qui nous montre le virtuose enfariné jouant de la mandoline sur le ventre d'un canard. — Et c'est tout.

Il faut ici rendre cette justice à nos sculpteurs qu'ils ont en général mieux conservé la religion du grand art que nos peintres. L'ensemble de leurs œuvres atteint un niveau plus élevé.

C'est que la sculpture est un art sévère, laborieux, ingrat, exigeant plus d'efforts, plus de patience, plus d'études que celui du peintre. Elle ne sacrifie pas facilement aux dieux du jour. Elle a d'autres préoccupations que celles d'ébahir le bourgeois. Son exercice est un vrai sacerdoce peu rétribué par les fidèles et moins encore par l'État.

La statuaire n'a pas, en effet, au point de vue *pratique*, l'équivalent du tableautin en peinture. Outre que le *genre* est infiniment plus restreint pour le sculpteur que pour le peintre, l'industrie, avec ses perfectionnements, lui ôte encore les ressources lucratives de la reproduction. Hélas! le pinceau prospère et l'ébauchoir végète. L'histoire du statuaire et du peintre rappelle un peu celle du loup et du chien. Il semble que l'un dise à l'autre :

> Il ne tiendra qu'à vous, beau sire,
> D'être aussi gras que moi.......
> Quittez *cet art*, vous ferez bien :
> Vos pareils y sont misérables,
> Cancres, hères et pauvres diables,
> Dont la condition est de mourir de faim.

VI. — LES BUSTES

§ I. — PORTRAITS

MM. Guillaume, — Hiolle, — Carpeaux, — Amédée Doublemard, — Louis Schrœder, — Iselin.

Chaque année, les bustes, au Salon, sont encore plus innombrables qu'en peinture les portraits. Comme pour ces derniers, nous nous contenterons d'énumérer les plus remarquables. Ce sont : d'abord, un chef-d'œuvre déjà populaire, *Mgr Darboy*, par M. Guillaume. Nous n'avons pas à y revenir. Le plâtre, exposé l'année dernière, nous avait fait comprendre le degré de perfection que le mar-

bre pourrait atteindre; — un portrait d'homme, très-vivant, d'un modelé ferme et d'un style sobre, par M. Polxo; — un autre de M. Hiolle, plein de caractère et de distinction; — le buste de *M. Chérier*, où M. Carpeaux a mis sa touche nerveuse et frémissante, parfois un peu factice; — ceux de *M. Febvre* par M. Amédée Doublemard, de *M. Millou* par M. Liotard de Lambesc et d'un *Jeune garçon* par M. Sanson, tous les trois hardiment taillés; — ceux de *M. Baltard* et du docteur *L. L...*, tout à fait dignes du ciseau de M. Louis Schrœder, le même à qui nous devons l'*Art étrusque*, œuvre de style.

Comme bustes de femme, signalons celui de *Mme H.....*, où l'on retrouve cette ampleur de contours dont le sculpteur de l'*Arion* a le secret ; — celui d'une autre *Mme H.....*, au modelé plein de morbidesse, peut-être le meilleur buste du Salon. Il est signé Iselin, ce qui n'est pas, on le voit, une mauvaise marque de fabrique.

Passons aux bustes de composition.

---

§ II. — BUSTES DE COMPOSITION

MM. Marcello, — E. Robert, — de Saint-Marceaux, — de Vigne, — Mathurin Moreau, — Aizelin, — Veeck, — Lanzirotti, — Carrier-Belleuse, — Lemaire.

Si Léon X ne dormait pas depuis trois siècles et demi sous la coupole de Saint-Pierre, on se croirait encore en pleine Renaissance, à voir l'œuvre de Marcello. Sous ce pseudonyme coloré se cache une des personnalités artistiques les plus remarquables de notre époque. Dans tout ce qu'elle fait éclate un tempérament farouche en révolte contre la nature, dont elle semble ne subir la loi que par force et que souvent elle asservit aux exigences de sa conception. Son écueil est de faire faux ; mais elle n'a pas à craindre de faire banal. Elle donne à son *Redemptor mundi* les traits d'un faune et la physionomie d'un Dieu. Où retrouverons-nous le type de sa *Belle Romaine*? Sur le Corso, en brillant équipage? sur un perron d'église, sous un tas de haillons lumineux? ou bien dans une niche de madone, sous une chape de brocart? Non, ce modèle n'existe ni sous le ciel de son pays, ni sous les lambris de son atelier ; il a germé comme un beau fruit dans son imagination fière et féconde.

Dans une sphère plus modeste et dans une donnée plus classique, nous pouvons rapprocher des bustes de Marcello, celui de *Marie l'Étrurie*, délicatement ciselé par M. E. Robert, et le *Forgeron florentin*, de M. de Saint-Marceaux, plein de style et de fermeté.

Malgré certaines exagérations qui font partie de son habileté, M. Oliva demeure toujours un maître. Nous avons parlé, dans notre étude sur la section de peinture, de certain portrait de la réformatrice du Carmel assez vulgairement traité par M. Thirion. Ceux de nos lecteurs qui ont partagé notre avis à propos de cette peinture, auront pu, comme nous, la comparer avec la *Sainte Thérèse* de M. Oliva, et se confirmer dans leur idée.

Volumnia par M. de Vigne a toute l'énergie qui convient..... à la femme de Coriolan, et la *Candeur* de M. Mathurin Moreau est un bronze plein d'élégance.

Une mention est due à la *Sortie de l'église* par M. Aizelin, à la *Première affection* par M. Veeck et même à cette provoquante luronne que M. Lanzirotti a appelé *le Lilas*.

A côté de toutes ces œuvres de talent, les bustes de M. Carrier-Belleuse nous semblent de plus en plus maniérés et plus fades. Il s'en exhale comme un parfum écœurant d'opoponax et de poudre de riz.

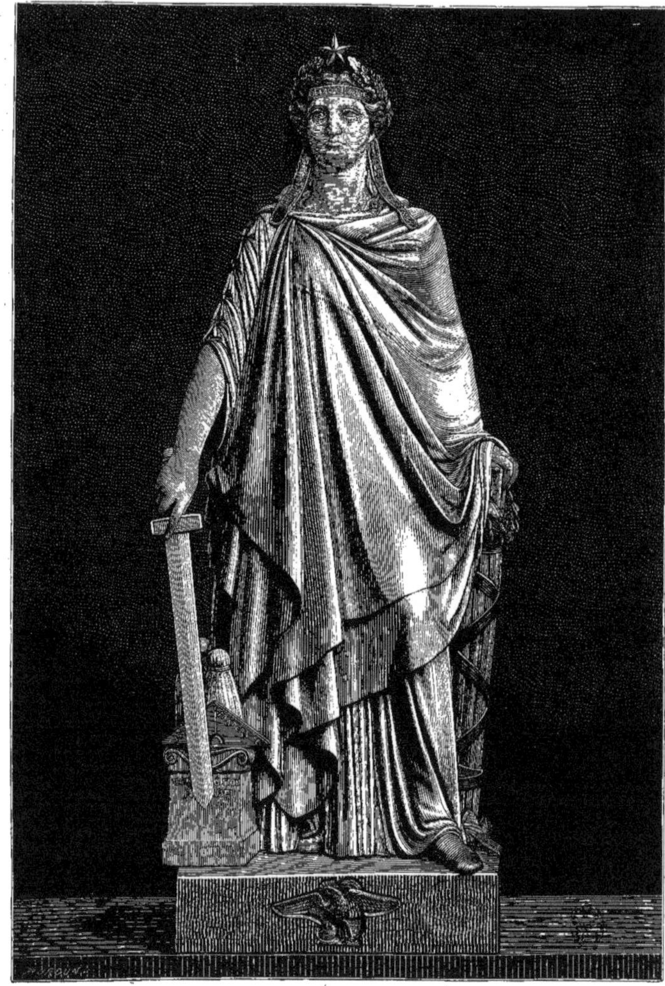

STATUE DE LA RÉPUBLIQUE. — Par M. Soitoux.

(Premier prix remporté au concours national de 1848.)

Signalons, en terminant cette série, un buste de *la République* par
M. LEMAIRE, composition d'un goût douteux acceptée au Salon en dépit
du règlement qui a proscrit le bonnet phrygien de Marianne. En présence de cette effigie ridicule, il est difficile de ne pas se rappeler la
superbe statue de Soitoux, depuis trop longtemps enfouie dans les ma-
gasins de l'île des Cygnes. On déplore plus vivement l'esprit d'exclu-
sivisme qui prive les amis de l'art d'une des plus belles productions du
génie français.

Certes, l'œuvre de Soitoux n'a rien de menaçant pour la paix publique,
et, grâce à la remarquable réduction qu'a éditée M. Malarmet, personne
aujourd'hui ne peut se méprendre sur le caractère essentiellement pacifique de cette République gardienne des lois et protectrice des libertés.
Rendre à cette statue la place qui l'attend serait faire œuvre de conci-
liation et de justice.

VII. — SCULPTURE D'ANIMAUX

MM. CHARLES VALTON, — CAÏN, — VIDAL, — ISIDORE
BONHEUR, — LARREGIEU, — CÉRÉMONIE, — PRINCETEAU.

Au moment où la sculpture d'animaux vient de perdre Barye, ce
Delacroix de la statuaire, on serait tenté, en signe de deuil, de passer sous
silence les œuvres exposées au Salon de 1875 par ses continuateurs.

Pourtant il y aurait injustice à ne pas signaler la *Lionne et ses lion-
ceaux* de M. Charles VALTON. Ce groupe est vraiment beau. La féro-
cité féline de la mère sentant l'approche d'un ennemi a été rendue par
le sculpteur avec une réalité farouche. On est tenté de s'écrier :

N.-B. — Soitoux ne produit plus depuis le coup si cruel que lui ont porté
les événements politiques. Mais la sympathie et l'admiration qu'il inspire à
tous les artistes n'a fait que s'augmenter par ces circonstances, et c'est pour
lui une grande consolation dans son amertume. Son œuvre a été popularisée
tout récemment par le bronze de M. Malarmet ; sa tête, expressive et puissante, vient de l'être au Salon de 1875 par M. VALENTIN, un de ses plus
chaleureux admirateurs et un de nos premiers aquafortistes. Nous recom-
mandons aux amateurs la belle estampe de M. Valentin. Ils y retrouveront
toutes les qualités de son burin : la finesse, l'énergie et je ne sais quelle
maestria digne de la vieille école flamande.

« Bien rugi, lionne ! » comme le duc d'Athènes dans la féerie de
Shakespeare. Les petits eux-mêmes sont en éveil. Oubliant le repas
commencé, ils dressent l'oreille et froncent leurs babines avec une
mauvaise humeur pleine de promesses pour l'avenir.

M. CAÏN soutient sa réputation. Son groupe *Lion et lionne se dispu-
tant un sanglier* donne la chair de poule malgré son immobilité.

Un lion du Sénégal, œuvre de M. VIDAL (Louis Navatel), fait
le plus grand honneur au courageux artiste qui, privé de la vue,
continue à se servir de ses mains comme si la lumière guidait encore
son travail. Si M. Vidal pouvait cesser d'être aveugle pendant une
minute, le temps de voir son œuvre seulement, il rentrerait après
coup dans la nuit sans trop d'amertume.

Cora, par M. Isidore BONHEUR, est une superbe chienne d'arrêt dans
l'exercice de ses fonctions. Dessin pur, belles lignes, finesse et fermeté
de modelé, telles sont les qualités de Cora. Diane l'eût prise à sa
chasse à côté de ses grands lévriers.

Très-bon également le groupe du *Lion et du rat* signé LARREGIEU.
Ce petit plâtre n'a pas plus de 15 centimètres de hauteur et cela est
grand comme un Barye.

Les grotesques servant de repoussoir aux belles choses, il n'est pas
inutile de signaler le cheval de M. CÉRÉMONIE, flairant le sol où est
enseveli le cadavre de son maître. Cette scène sentimentale se passe
sur un champ de bataille. C'est à peu près aussi intéressant que le
chien du Père Lachaise.

N'oublions pas non plus le *Supplice de Brunehaut*. L'auteur,
M. PRINCETEAU, sculpteur et peintre, nous en voudrait probablement
si nous le passions sous silence. Car il est évident qu'il s'est livré à
cette fantaisie dans le but d'en faire parler.

Si tel est son vœu, nous terminerons avec lui cette revue du Salon
de sculpture, où son entrée a produit parmi le public un étonnement
général.

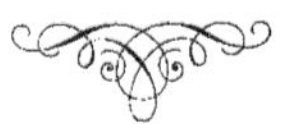

CONCLUSION

I

Quand, après le travail d'analyse qui précède, nous jetons un coup d'œil d'ensemble sur notre exposition de peinture et de sculpture, le mot par lequel nous serions tenté de caractériser la situation actuelle de l'art est moins celui de décadence que celui de désordre.

Ce qui se révèle d'individualités puissantes dans les œuvres de nos artistes est considérable.

Mais on chercherait vainement à constituer avec elles un ensemble harmonieux d'efforts et de tendances vers un idéal commun l'expression du besoin populaire et universel.

Harmonie ! harmonie ! disait Musset. Unité ! unité d'idéal ! pourrions-nous dire. Unité qui fit si grandes l'Antiquité grecque et le Renaissance italienne !

Dans notre génération vieillie, énervée, ou peut-être seulement découragée par les transitions que traverse l'état de choses social, l'art a pour prêtres des voltairiens, des éclectiques ou des abstracteurs de quintessence. Il est tombé au niveau de nos productions littéraires. Il est devenu ciseleur, exact, scrupuleux, observateur, érudit, souvent spirituel, parfois profond, presque toujours prétentieux et maniéré, jamais simple et grand. Le ciseau taille des Vénus de boudoir et des Jupiters d'étagère. Le pinceau s'ajuste une loupe et se complaît à faire contenir cent personnages dans dix pouces carrés. C'est le règne du tableautin en peinture et du sonnet en poësie.

Le spécialisme se propage dans des proportions alarmantes comme une lèpre de lichens qui étoufferait et dévorerait toute la sève d'un grand arbre. Déjà nous avons des peintres qui s'obstinent à l'étude exclusive des restaurations Égyptiennes ou Assyriennes ; ceux-ci nous ont voués aux étoffes de nos grand'mères et aux curiosités de bric-à-brac ; ceux-là ne sortent pas des milieux historiques rebattus. Spécialités dans le paysage, spécialités dans la peinture de genre, spécialités dans la nature morte, spécialités en tout et pour tout ! Or, comme on a les coudes serrés dans la foule des concurrents, dès qu'on a fait une « trouvaille », on en vient à se répéter soi-même à l'infini. Chaque année, au Salon, vous êtes sûrs de revoir ce qu'on pourrait appeler en style familier de vieilles connaissances.

Il a trois ans que M. Ribot nous envoie la même tête peinte en rose sur fond noir ; il y en a cinq que M. de Cock nous fait admirer son remarquable sous-bois en avril et M. Chenu son saisissant effet de neige ; il y en a six ou sept que M. Robinet lave ses éternels petits cailloux dans la même fontaine et que M. Philippe Rousseau polit au blanc d'Espagne sa chaudronnerie vermeille ; il y en a douze que M. Vollon nous affriande avec le ventre argenté de ses truites et que M. Schenck fait bêler ses troupeaux dans une tourmente de neige. Nos maîtres les plus justement admirés se sont eux-mêmes condamnés, pour la plupart, à cette fécondité apparente qui n'est que stérilité au fond. Ziem et Fromentin, pour citer les premiers noms qui se présentent sous notre plume, sont de ceux-là ; notre regretté Corot, il faut le dire, était aussi du nombre.

Ainsi, non-seulement nos meilleurs artistes ne craignent pas de donner une importance capitale à ce que les plus modestes de leurs devanciers croyaient devoir reléguer au dernier plans, non-seulement on fait aujourd'hui tout un tableau avec ce qui était considéré jadis comme un détail ou un accessoire employé à faire valoir la composition principale, mais encore on se reproduit imperturbablement. Certes, voilà un excès de modestie. Il est vraiment incalculable l'abîme qui nous sépare de ces pléiades d'artistes universels dont les siècles de Périclès et de Léon X furent illuminés !

On aurait bien étonné Titien ou Véronèse si on leur avait dit qu'il se trouverait un jour des artistes exclusivement voués à la peinture du paysage et d'ailleurs incapables de faire mouvoir une figure humaine au milieu de leurs pâturages ou de leurs moissons.

Chacun veut aujourd'hui se faire une place bien distincte et se créer une originalité.

Nous avons connu un peintre tellement pénétré de ce besoin qu'il en avait perdu le sommeil. Un jour, il finit par « trouver, » et, avec des airs d'Archimède échappé de sa baignoire, il nous montra un tableau qu'il venait d'achever et nous demanda ce que nous en pensions. Cela représentait une cuisine. Nos éloges furent proportionnés, comme on pense, à l'intérêt du sujet. Cependant nous avouâmes n'avoir jamais vu peinture d'ustensiles et de bibelots aussi exacte que la sienne. — Vous ne saisissez point, nous dit-il. Eh quoi ! nous n'avez pas compris, au premier abord, ce qui constitue l'originalité de cette toile ? — J'avoue.... — On a tout peint, reprit-il, et je me suis dit souvent qu'il n'y avait plus rien à peindre. Or, c'est précisément à cette pensée que je dois aujourd'hui d'être devenu personnel. Mon originalité vous paraîtra négative peut-être, mais vous ne la contesterez point. Ainsi, regardez mon tableau. Sur cent peintres, cent auraient mis un cuisinier dans cette cuisine. Moi, je l'ai supprimé. Avouez que c'est ingénieux. — En effet, répondîmes-nous, voilà qui distance le tableau de M. Gérôme où il n'y avait pas de personnages, mais où, du moins, on voyait leurs ombres.

Toutes réserves faites pour la singularité de cette anecdote, voilà où en sont les artistes aujourd'hui.

Le grand art est déchu, méconnu presque, et sa renaissance possible mise en question. La foi est morte dans les cœurs, ou plutôt elle sommeille.

L'heure du réveil sonnera-t-elle? Un avenir nous est-il promis?

Avant de nous prononcer, établissons bien ce qu'il faut entendre par le Grand Art.

II

On n'attend pas de nous une définition du mot art. Elle n'a pas été donnée; elle ne le sera sans doute point.

Mais souvent c'est le propre de ce qui est indéfini d'être irréfragable. On se bat pour une théorie; on s'accorde sur une expérience. L'humus féconde la semence : là est le mystère; le grain poussé, croît et se multiplie : là est la certitude.

L'art est au-dessus du bon sens et même de la raison.

Aux yeux d'un homme raisonnable mais dépourvu de sentiment artistique, le *Pouilleux* de Murillo paraît vil, répugnant, immonde; la fresque de la Sixtine fausse de tous points; les plus fameuses des compositions d'Holbein de Dürer voisines du grotesque.

Ceux, au contraire, qui sont doués de ce qui manque à cet homme-là, comprennent et admirent la portée de ces œuvres. Une mystérieuse communion s'établit entre la pensée de l'artiste et la leur.

D'un autre côté, il est aussi impossible à celui qui n'est pas artiste de produire une œuvre d'art qu'à un être stérile de donner la vie à d'autres êtres. En un mot, l'art n'est point ce qu'on appelle pédagogiquement une entité. Nous ne saurions le concevoir indépendamment des œuvres où il se manifeste. Disons plus, il n'y a point d'idée ou, si mieux l'on aime et pour nous renfermer dans la limite de la peinture et de la sculpture, il n'y a point de *sujet* qui relève par lui-même et directement de l'art. Un sujet ne relève que de l'artiste et de son double travail de conception et d'exécution. Dire que la nature est artistique, c'est fausser le sens du mot art, à moins qu'en s'exprimant ainsi on n'entende faire une profession de foi religieuse et rendre hommage au souverain artiste d'en haut, ce qui, tout en justifiant notre croyance, conduit aux mêmes déductions en matière d'art. La nature n'étant pas, en effet, l'œuvre des hommes, celui qui s'attache à la reproduire servilement ne fait pas plus œuvre d'art que le copiste rigoureux d'une toile de Raphaël. L'un n'est qu'un photographe, l'autre un habile ouvrier. Or là où l'artiste n'est pour rien, l'art n'est pour rien. Ce n'est pas à travers l'objectif de votre instrument que nous voulons voir les hommes et les choses, mais à travers le prisme de votre intelligence.

Si nous admirons l'œuvre de Murillo, celle de Michel-Ange, celle de Dürer et d'Holbein, c'est grâce à la miraculeuse transformation que l'idée fruste de chacune d'elles a subie en passant au creuset de ces divers génies.

Si le *Pouilleux*, en lui-même abject et sordide, ne nous révolte pas, c'est qu'un rayon chaud et doré fait disparaître dans un flot de lumière, de couleur et de poésie la réalité brutale; c'est que, par une antithèse où l'on reconnaît moins ta prévoyance, ô nature! que le sentiment personnel du peintre, nos yeux sont réjouis, notre conscience est satisfaite à la vue du rayon de soleil qui réchauffe cette misère et protège cette infirmité.

Si le faux Jupiter tonnant qui fulmine ses anathèmes au centre de la fresque du *Jugement dernier*, dans des conditions de proportions de lieu et de cadre en désaccord avec toutes les idées que nous nous faisons de l'Infini, nous frappe cependant d'étonnement et nous imprime une terreur sacrée, c'est que, par une puissance de synthèse qui appartient au génie, l'artiste nous fait embrasser d'un coup d'œil, avec une harmonie parfaite, le spectacle le plus géant et le plus sublime à la fois que notre imagination et la sienne soient capables de concevoir.

Si Dürer et Holbein, sciemment oublieux des données de la vraisemblance, nous emportent au delà de la réelle sphère, dans le monde fictif du rêve, de l'extase ou du cauchemar, ces maîtres austères savent mieux que personne par un magique pouvoir triompher de notre raison et subjuguer nos sens.

L'artiste est un alchimiste qui convertit le plomb en or. C'est un séducteur invincible. Par lui nous tolérons le spectacle de la laideur dans le *Pied-bot* de Ribera, nous admettons l'absurde dans les *Noces* de Véronèse.

Cette vérité, qu'il serait facile d'appuyer sur de nombreux exemples, fait justice de toutes les théories exclusives ou spécieuses dont l'art a été l'objet. L'une a posé en principe que l'art n'existait point en dehors de la recherche du beau, ce qui aurait pour conséquence immédiate la suppression des écoles Espagnole et Flamande en presque totalité, ainsi que d'une grande partie de l'école Italienne. Une autre a supplanté le beau en faveur de l'horrible, jugeant l'horrible seul intéressant et seul digne de nous passionner, ce qui nous obligerait à proclamer Goya le roi des peintres et à traiter Raphaël de barbouilleur. Une autre a dit : « Soyons vrais; rien de plus, rien de moins, » ce qui, en art, est impossible. Une autre a dit : « Ayons du bon sens, » ce qui est inepte.

Tout programme qu'on voudrait imposer à l'artiste renfermerait la négation même de l'art. Autant il est raisonnable et utile d'exiger de lui l'étude des modèles consacrés

par le goût universel, la religion des maîtres et la connaissance des grandes traditions, en un mot tout ce qui constitue l'éducation artistique indispensable, autant il serait fou
de vouloir lui tracer la sphère où doit se mouvoir sa pensée aussitôt qu'il peut voler de ses propres ailes. La liberté
seule est féconde, et la liberté dans l'art c'est l'inspiration.

III

D'où vient pourtant que les phases les plus glorieuses
de l'histoire de l'art soient précisément celles où, comme
s'ils avaient reçu le mot d'ordre d'un chef suprême, la majeure partie des artistes a marché, légion compacte, étroitement unie, dans la voie d'un même idéal ?

Ici, point d'équivoque.

L'unité dont nous parlons n'est pas plus incompatible
avec l'indépendance de l'artiste que ne l'est l'unité d'un
peuple avec la liberté de chaque citoyen. Loin de s'exclure,
ces deux besoins se complètent. Ils s'élargissent, ils se déve-
loppent, ils se fertilisent mutuellement. La liberté politique
est infructueuse si elle ne se déploie dans le patriotisme ; le
génie individuel d'un artiste demeure stérile, ou du moins
se diminue ou s'égare, lorsqu'il ne s'efforce pas de répondre à l'aspiration de nos âmes vers tout ce qui est beau, vers
tout ce qui est grand.

Certes, nous ne sommes pas de ceux qui approuvent
Louis XIV reléguant Van Ostade et Téniers dans les greniers
du Louvre. Nous jugeons, au contraire, que les *magots* si
dédaignés par le grand roi sont de tous points des œuvres
d'art, et par leur exécution merveilleuse et par leur conception originale. Mais, comme dans les efforts et les volontés, comme dans les intelligences et les tempéraments,
comme dans les vertus et les vices, comme dans le bien et
comme dans le mal, il y a des degrés dans l'art, au même
titre qu'en toutes choses ici-bas. Sur l'échelle des productions artistiques, une kermesse de Rubens et une madone
de Raphaël n'occupent pas le même rang. En un mot, il y
a l'art et le grand art.

Le grand art, autrement dit la recherche exclusive du
beau. Atteindre le beau sous toutes ses formes, c'est là son
but majestueux.

Cette distinction entre l'art et le grand art, que notre
siècle d'éclectisme répudie volontiers, a une base inébran-
lable, éternelle : notre besoin d'idéal. Seul un esprit aveugle a le droit de nier cette tendance universelle vers un
assemblage de perfections supérieur à la beauté sensible,
cette soif inextinguible du beau que l'homme se lasse parfois à désaltérer, mais sans jamais en perdre le désir, cette
poursuite d'un fantôme adorable que nous croyons saisir
dans l'objet aimé et qui nous fait changer d'amour aussitôt
qu'il se déplace, cet Idéal enfin, qui est notre première et
notre plus grande nécessité.

VI

Au fond, toutes les vieilles théories sont d'accord sur ce
point que le but de l'art est d'arriver au beau. Elles ne diffè-
rent que par les moyens à prendre ou par les routes à
suivre. Du moins, c'est là leur prétention. Là aussi leur
erreur.

De nos jours on va plus loin, et, conformément au pro-
verbe : tout chemin conduit à Rome, on soutient avec plus
de hardiesse que de raison que tout chemin conduit à
l'idéal. D'où la théorie transcendante et absolue de l'égalité
des génies, exposée par notre grand Hugo dans cette page
étincelante :

« L'esprit humain a une cime. Cette cime est l'Idéal.
» Dieu y descend ; l'homme y monte. Dans chaque siècle
» trois ou quatre génies entreprennent cette ascension. D'en
» bas, on les suit des yeux. Ces hommes gravissent la mon-
» tagne, entrent dans la nuée, disparaissent, reparaissent.
» On les épie, on les observe. Ils côtoient les précipices ; un
» faux pas ne déplairait point à certains spectateurs. Les
» aventuriers poursuivent leur chemin. Les voilà haut, les
» voilà loin ; ce ne sont plus que des points noirs. Comme
» ils sont petits ! dit la foule. Ce sont des géants. Ils vont. La
» route est âpre. L'escarpement se défend. A chaque pas
» un mur, à chaque pas un piége. A mesure qu'on s'élève,
» le froid augmente. Il faut se faire son escalier, couper la
» glace et marcher dessus, se tailler des degrés dans la
» haine. Toutes les tempêtes font rage. Cependant ces
» insensés cheminent. L'air n'est plus respirable. Le gouf-
» fre se multiplie autour d'eux. Quelques-uns tombent.
» C'est bien fait. D'autres s'arrêtent et redescendent ; il y a
» de sombres lassitudes. Les intrépides continuent ; les
» prédestinés persistent. La pente redoutable croule sous
» eux et tâche de les entraîner ; la gloire est traître. Ils sont
» regardés par les aigles, ils sont tâtés par les éclairs ; l'ou-
» ragan est furieux. N'importe, ils s'obstinent. Ils montent.
» Celui qui arrive au sommet est ton égal, Homère !...

» Choisir entre ces hommes, impossible. Nul moyen de
» faire pencher la balance entre Rembrandt et Michel-Ange.
» Et, pour nous enfermer seulement dans les écrivains et
» les poëtes, examinez-les l'un après l'autre. Lequel est le
» plus grand ? Tous. »

Si le point culminant que se figure le poëte et dont on
pourrait lui demander de fixer l'altitude, existait en réalité, quel homme doué de quelque énergie ne pourrait,
lui aussi, tenter l'escalade ? Quel est celui qui n'arriverait
pas à son tour au sommet de la montagne ? A ce compte, le
génie ne serait qu'une longue patience et M. de Château-
briand qui, le premier, imagina de formuler ce paradoxe,
donnerait la main à Victor Hugo sous les regards des aigles
et les caresses de l'ouragan.

Chimérique est cette cime où le poëte suppose que Jéhovah descend comme sur le mont Sinaï ; où tous les grands
esprits se trouveraient assemblés dans une sorte d'Olympe
et condamnés à s'asseoir, à moins de redescendre ; où l'ascension au delà ne serait plus possible.

Le niveau est au point de départ. En haut, il n'y en a point. Gravir péniblement les pentes, marcher avec douleur dans les sentiers escarpés, c'est la loi du talent, qui a ces deux mots pour devise : Labeur et Patience. Mais le génie s'enlève sur des ailes ; sa naissance est une rupture de la chaîne qui nous lie au sol ; aussitôt qu'il va, il se fraie son chemin dans un azur illimité.

En bas est l'étiage. Il marque de combien l'on s'éloigne ; non de combien l'on se rapproche. Le degré du génie se mesure sur cet éloignement.

D'ailleurs, l'erreur du poëte nous paraît surtout consister dans cette assimilation parfaite entre des génies qui, sans doute, font tous honneur à l'esprit humain, mais qui ne l'honorent pas également.

Rabelais a pour vous plus de charme que Cervantes, nous l'admettons volontiers. Vous préférez Rubens à Raphaël, nous n'y trouvons rien à redire. Mais votre goût personnel n'est pas ici en discussion. Ce dont il s'agit, c'est, non pas d'émettre une théorie, mais d'établir, en s'appuyant sur le sentiment général en matière d'esthétique, quelle est la voie la plus directe et la plus sûre pour arriver à l'Idéal.

Poëtes, elle vous est tracée par l'étude des sentiments élevés, des passions nobles. Artistes, vous la trouverez dans la recherche exclusive du Beau, dans le Grand Art.

Pour nous, si nous avions à choisir entre tous les peintres, nous n'hésiterions pas à nommer Raphaël d'Urbin, comme étant celui qui se rapproche le plus de la perfection idéale sans le secours des antithèses. De même, si l'on nous demandait à quelle époque a été donnée la plus haute expression de l'art, nous répondrions : dans l'antiquité grecque.

V

Comme pour ces plantes fabuleuses qui fleurissent à des intervalles séculaires, il y a eu pour l'art des périodes exceptionnelles, des moments de floraison extraordinaire.

Rappelons-nous ces apogées glorieux.

Celui à qui Périclès eut la fortune d'attacher son nom domine tous les autres.

Alors il n'y avait point d'écoles ; il n'y avait point de dissidences. Faire beau, faire grand, c'était le besoin universel, c'était la pensée populaire, c'était la loi. L'art se mêlait aux choses de la vie publique et privée ; il avait son siège à l'aréopage et son temple dans chaque maison. Le vase destiné à conserver l'huile ou le vin aurait pu, avec des proportions plus grandes, orner le frontispice d'un palais, sans le céder en rien aux purs modèles dont il était souvent la copie exacte et parfois le rival indépendant.

Alors l'éducation artistique faisait partie intégrante de l'éducation générale.

Le Moyen-âge, qui est lui aussi une grande époque artistique, a cette ressemblance avec l'antiquité, qu'une pensée générale le domine.

Au Moyen-âge, non-seulement on ne distingue pas d'école, mais encore la personnalité de l'artiste s'efface, disparaît, s'annihile devant son œuvre. A peine quelques noms de verriers ou de tailleurs d'images sont-ils parvenus jusqu'à nous. Quel fut l'Homère de ces rhapsodes? L'histoire ne le dit pas, apparemment parce qu'il n'a pas existé ; et il n'a pas existé, parce que cela n'était pas nécessaire. Les différentes branches de l'art se confondirent elles-mêmes en un tout harmonieux. Arts principaux, arts secondaires, n'eurent d'autre objet que de concourir à cette expression concrète, le temple, synthèse du génie artistique de l'époque. La peinture dut sa plus grande valeur au monument qui lui servait de cadre ; la statuaire, à son effacement devant la ligne architecturale ; la musique, à la modulation de ses harmonies sur la structure de l'édifice, et le temple lui-même, à la pensée dont il fut le symbole. Point de révolte, point d'écart dans cette légion anonyme et sans chef reconnu d'artistes marchant au même idéal et recevant le mot d'ordre d'en haut.

L'œuvre de cette époque ressemble à un arbre géant qui aurait sucé par ses racines toute la sève d'une forêt et couvrirait de ses rameaux la surface rendue stérile.

Mais l'homme s'émancipe et l'art devient l'expression d'une nouvelle forme sociale. Le vent des révolutions politiques et religieuses souffle sur l'Europe et la remue profondément. Le vieil échafaudage qui a Rome pour pierre angulaire craque de toutes parts. Dislocation générale. Les peuples revendiquent leur autonomie. On remonte à l'origine des races et à la source des religions. Les nationalités se constituent, les Églises se fondent. La lutte est partout. L'art en éprouve le contre-coup et ne tarde pas à précéder le mouvement. Les écoles se forment dans son sein comme les partis en politique, et de même qu'il faut à ceux-ci des chefs, il faut à celles-là des maîtres. Ils apparaissent en grand nombre, astres de la nouvelle aurore, chacun centre d'une pléiade. L'unité parfaite des âges précédents n'existe déjà plus.

A ce point de vue, la Renaissance pourrait sembler inférieure aux époques qui l'ont précédée. De plus, comme l'indique son nom, un des plus justes qu'on ait employé pour caractériser cette période, la Renaissance n'a rien qui lui appartienne absolument. En France, en Allemagne et en Hollande, elle a perfectionné l'œuvre du Moyen-âge ; en Italie, elle a restauré l'art antique ; en somme elle n'a rien créé.

Et cependant quel temps fut jamais plus fertile en miracles artistiques?... Quelle plus ample moisson de chefs-d'œuvre Dieu a-t-il jamais faite dans le champ de l'esprit humain?

La Renaissance prouve à quel point une révolution est féconde quand elle est nécessaire.

Un mouvement analogue s'est produit dans la première moitié de notre siècle, à la suite de la profonde commotion sociale de 1789. Depuis longtemps la sève semblait épuisée. Un bouleversement était nécessaire pour ramener des couches vierges à la surface du sol. Je ne sais quelle charrue gigantesque accomplit en peu d'années ce mystérieux travail, mais, à l'appel des idées nouvelles, l'art répondit par un cri d'émancipation et de liberté. Il reprit un nouvel essor. Ce fut une autre Renaissance, où David fut à Ingres ce que Pérugin fut à Raphaël, où Géricault fut à Delacroix ce que Van Eyck fut à Rembrandt.

Certes, nous n'entendons pas établir de comparaison entre ces petites étoiles et ces astres de première grandeur ; mais il est bon de rapprocher le seizième siècle du nôtre, tant au point de vue des *révolutions sociales* qui s'y accomplirent que sous le rapport des *révolutions artistiques* dont les autres furent probablement la cause.

Ce qu'on ne peut nier, c'est l'influence des événements sociaux sur les productions du génie humain. Le marasme où l'art est tombé tout-à-coup, il y a de cela vingt années, sans autre raison apparente que l'accomplissement de certains faits politiques, suffirait seul à le démontrer.

Mais, ô vous tous qui partagez notre confiance en la génération prochaine, peut-être verrez-vous se réaliser les promesses de cette aurore qui s'est levée sur la première moitié de notre siècle !

Des ténèbres épaisses ont pu s'accumuler un instant sur la place où avaient passé tour à tour David, Géricault, Prud'hon, Ingres, Decamps, Delacroix, Flandrin, Scheffer, l'autre David et Millet ; nous avons pu subir une éclipse qui dure encore : mais le jour finira par se faire, lumineux, splendide, serein.

VI

Oui, nous le croyons ardemment, le Grand Art sortira vainqueur de la période transitoire la plus laborieuse et la plus tourmentée qu'il ait jamais traversée ; oui, la stagnation où l'ont réduit ces vingt dernières années couve un enfantement ; oui, au désarroi général, à l'oubli des traditions, à l'ignorance ou à l'inconscience du but qu'il faut atteindre, aux hésitations, aux tâtonnements, succédera l'unité féconde qui a déjà ensemencé toutes les grandes phases de l'art. Car il nous reste à conquérir un idéal non moins élevé que l'idéal antique, celui du Moyen-âge ou celui du xvi° siècle : la science et l'industrie, c'est-à-dire le progrès et la liberté, montrent du doigt à nos artistes les tours de la Jérusalem nouvelle.

L'art est le porte-flambeau de l'idée. Qu'il la précède ou qu'il la suive, c'est toujours lui qui l'éclaire. Il a pour loi fatale de marcher avec elle. Tenter de l'arrêter en son chemin, ce serait fou ; vouloir le faire rétrograder, ce serait absurde. Aussi est-ce vainement que l'on a institué des académies dans ce but.

La mort de Laïs, la douleur de Niobé, le désespoir de Laocoon, la colère d'Achille ne peuvent nous émouvoir ni nous passionner comme autrefois les Grecs, qui retrouvaient dans ces tableaux leur propre histoire ou leur propre légende. La foi gothique n'est plus la nôtre. Le sensualisme du xvi° siècle n'est aujourd'hui conforme ni à nos mœurs ni à nos besoins. Admirons les chefs-d'œuvre de ces fières époques, mais n'y touchons plus. Etudions-les, mais pour mettre au service des idées modernes le résultat de leur étude.

Ah ! nous ne douterions pas que l'heure du réveil ne fût prochaine, si les bonnes volontés étaient mieux secondées, l'essor facilité, la carrière ouverte. L'agriculture, l'industrie, le commerce, la science, à qui l'on bâtit tous les jours des palais, ont, vis-à-vis de l'art, non-seulement un devoir fraternel, mais encore une mission utile à remplir. Quel monument, par exemple, serait plus digne du génie français qu'un embarcadère où peintres et sculpteurs seraient appelés à symboliser les productions, les industries, les coutumes, les mœurs, l'ethnologie et l'histoire des contrées voisines ou lointaines, étrangères ou nationales, dont ce point de départ serait en même temps le point de rendez-vous ? On s'évertue à dire que depuis que Mécène n'habite plus de vastes demeures, le grand art devient sans objet. Eh bien, tant pis pour Mécène ! Son héritage est vacant. Les grandes associations financières, les établissements industriels privilégiés, les compagnies de chemin de fer, les manufactures de l'État sont là pour le recueillir.

Là où nous entrevoyons la vitalité, le salut et l'avenir de l'art, d'autres ne voient, nous le savons, que des conditions de mort. Ceci tuera cela, disent-ils. Mais à ceux qui manquent de foi, nous répondrons que la foi seule engendre les grandes œuvres, et nous partageons en ceci l'avis du même penseur que nous avons essayé de réfuter sur un autre point. Nous croyons avec lui que *« jamais les facultés de l'âme humaine, fouillée et enrichie par le creusement des révolutions, n'ont été plus profondes et plus hautes. »*

L'art est un temple où, depuis l'origine des civilisations jusqu'à leur fin, le Beau fut et sera toujours la divinité à laquelle notre âme offre son encens. Le culte peut changer ; l'Idole reste.

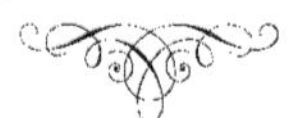

TABLE

DES

ARTICLES CONTENUS DANS LE SALON DE 1875

LA SCULPTURE

TABLE

DES

PLANCHES CONTENUES DANS LE SALON DE 1875

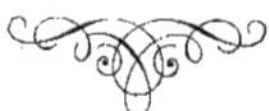

PARIS. — IMPRIMERIE DE E. MARTINET, RUE MIGNON, 2.